野球の科学

解剖学、力学、統計学でプレーを分析！

川村 卓

SBビジュアル新書

はじめに

最近、「野球の人気がなくなってきている」と言われています。こう言うと「そんなことはない。プロ野球の球場には人があふれ、高校野球も甲子園はいつも満員だ」と言われるかもしれません。でも、実際に野球をやる子は減少の一途をたどっています。

『レジャー白書2017年』(公益財団法人日本生産性本部)によると、スポーツの参加人口の中で「キャッチボール、野球」は610万人と、球技の中では依然1位なのですが、ピークの2008年は1200万人なので、その数がほぼ半減していることがわかります。他の球技は、ほぼ横ばいです。

私の世代(1970年生まれ)くらいだと、スポーツは野球が中心で、小学生男子の家にはグラブとバットが必ずあるのが普通でした。また、テレビで毎日のように野球中継をやっていたので、ルールも自然と覚えていました。

しかし、今や多様化の時代。楽しいことはたくさんあります。スマホ、YouTube、ゲーム……他のスポーツも人気があり、グローバルなサッカーの人気に対して、野球の人気があるのはアメリカや中米とアジアの一部だけです。

そんな野球に危機感を募らせながらこの本を書きました。そしてこの本を手に取った方に、**野球の魅力を発見・再認識してもらいたい**と思っています。

私は野球人気の低下は、野球自体に魅力がなくなったからではなく、私たち野球に携わる大人の問題が大きいと感じています。本来、ジュニア期の指導は、子どもたちが野球を好きになることが最も大切なはずです。しかし、大人たちはこれまでの野球人気にあぐらをかき、旧態依然の方法で子どもたちを指導してきました。これでは子どもたちが「野球嫌い」になってしまいます。

私たちが子どものころのように、誰もが野球をやっていた時代であれば、それでも続ける子どもは多くいたかもしれません。しかし、現代は、指導方法を工夫して、子どもたちが楽しく、そしてケガをしないように野球を学べることが必要です。そのためにも、**指導の基礎となる科学的知見を学ぶこと**は大きな意義があります。

私は筑波大学体育系の教員として「ジュニア世代の指導」を研究テーマに、「野球のコーチング論」を指導しています。同時に自分も硬式野球部の監督として、実際の競技も指導します。合間を縫って、主に初心者の子どもたちの野球教室も行っています。そのおかげで、研究室と硬式野球部の卒業生200人ほどが、さまざまな世代で指導者として活躍しています。そして、今やプロ野球のOBの方々も、コーチングを学ぶために本学を訪れています。

著名な方では吉井理人さん(千葉ロッテマリーンズ投手コーチ)、仁志敏久さん(横浜DeNAベイスターズファーム監督)は、本学修士課程の修了生です。また、シーズン・オフになるとさまざまな選手・コーチの方が「コーチングを学ぼう」と本学を訪れています。そのため、この本は、どちらかと言えば、現在、野球のコーチをしている人や、これから少年野球を指導しようとする「お父さんコーチ」と呼ばれるような人たちを意識して書いています。

内容は難しくなりすぎないよう、**野球観戦の手助けとなる知識とともに、現場の疑問に即した基礎的な話題**をもとに書きました。書名は『野球の科学』ですが、難解な科学用語はなるべく避けて、平易な言葉でわかりやすく書いたつもりです。

第1章ではピッチングについて身体動作の側面から迫っていきます。「速いボールを投げるにはどのように体を使えばよいのか？」などをバイオメカニクスの知見から、動作を分析していきます。さらに、投手に多い肩や肘の障害についての知見も述べています。

第2章ではバッティングについて述べています。バッティングはヒットを3割打てれば優秀であり、7割は失敗するという難しい技術が必要とされます。ヒットを打つための科学的知見はどのようなものがあるかを述べています。

第3章では野球の戦術、戦法について、統計学的な視点で迫っていきます。「送りバントは有効な戦法か？」について、私は以前書いた本で触れています。しかし、現代の野球は手堅い戦法・戦術よりも「フライボール革命」による空中戦主体の野球に変化しています。そのような中、コーチングの立場からどのようなことが言えるか、言及してみたいと思います。

ここまで、野球の窮状からこの本の概略をお伝えしてきましたが、私はそれでも「**野球はおもしろい**」と言いたいのです。この本を手に取った方々にこの思いが伝われば、著者として望外の喜びです。

コロナ禍の筑波大学にて　2021年2月　川村 卓

CONTENTS

野球の科学

解剖学、力学、統計学でプレーを分析！

第3章　統計で科学する セイバー・メトリクス

第1章
ピッチングを科学する

速い球を投げるには？

現在はメジャー・リーグのロサンゼルス・エンゼルスに所属しており、投手・打者の二刀流で活躍する大谷翔平選手は、2016年10月16日、**時速165キロ**という日本新記録の投球をしました。

当時は北海道日本ハムファイターズに所属していましたが、この「偉業」は、野球を知らない人でも「スゴい」こととして記憶されていることでしょう。

写真1　時速160キロ以上を投げる大谷翔平投手は、恵まれた体格の体を巧みに動かすことができる。投手は体格も大切だが、合理的で効率的な動作（投球フォーム）が重要である。写真は2016年のプロ野球CSファイナルステージ「北海道日本ハムファイターズ－福岡ソフトバンクホークス」で9回から登板し、日本最速の時速165キロを投じた試合での大谷翔平投手

写真：時事

「速い球を投げる」ことは、野球をする人だけでなく、野球を観る人にとっても「憧れ」です。野球少年・野球少女はもちろん、草野球に親しむ大人たちも、「今より速い球を投げたい」と誰しも思うものです。

私たち筑波大学体育系野球コーチング論研究室では、野球を愛する人たちにとっての夢に、科学の面からアプローチしてきました。そして私は、野球を指導するコーチを25年以上やってきました。

そこで第1章では「速い球を投げるにはどうすればいいか」という問いに対して、科学とコーチングの面から明らかにしていきたいと思います。

写真2　2016年10月16日、時速165キロという日本新記録の投球が大谷翔平投手により達成された。これは大谷投手本人の努力はもちろんであるが、投球に関するさまざまな知見、トレーニング法がわかってきたからである。写真は札幌ドームの電光ボードに表示された球速

写真：時事

「手の甲が上を向く」？「手のひらが上を向く」？

皆さん、今から「速い球を投げるための理屈」を、体験しながら勉強してみましょう。

なお、これから特に断りがない場合は、右利きの方を基準に話を進めていきます。

まずは、立っても座ってでも構いません。

前方1mに障害物がないことを確認して、**図1上**のように、「利き腕の手のひら」を頭の後ろにつけてください。

そこから、そのまま腕を前に振り下ろしてください。

いきなり全力はまずいですから、軽く振り下ろしてください。

これが投球全体から言うと、腕のフォワード・スイングと呼ばれる局面になるのですが、いかがでしょうか？

振り終わった後、次の**図1下**のように手を見てください。

手のひらが見えていますか？

それとも手の甲が見えていますか？

野球をやったことのある人であれば、それは当然手の甲が見えるだろうと言うかもしれませんが、私は「そのまま腕を前に振ってください」と言っただけです。

手の甲が見えているのは不自然な動きです。

腕を前に振るだけなら、手のひらが見えるはずです。手のひらが見えた方は非常に素直な方です。

しかし、野球をやったことがある方、もしくはバレーボールやラケットを振るスポーツを経験した人は、自然と手の甲が見えたはずです。どうしてこの動作になるのでしょう？

実はこの動きが、速い球を投げるポイントなのです。

図１　速い球を投げるための腕の動き

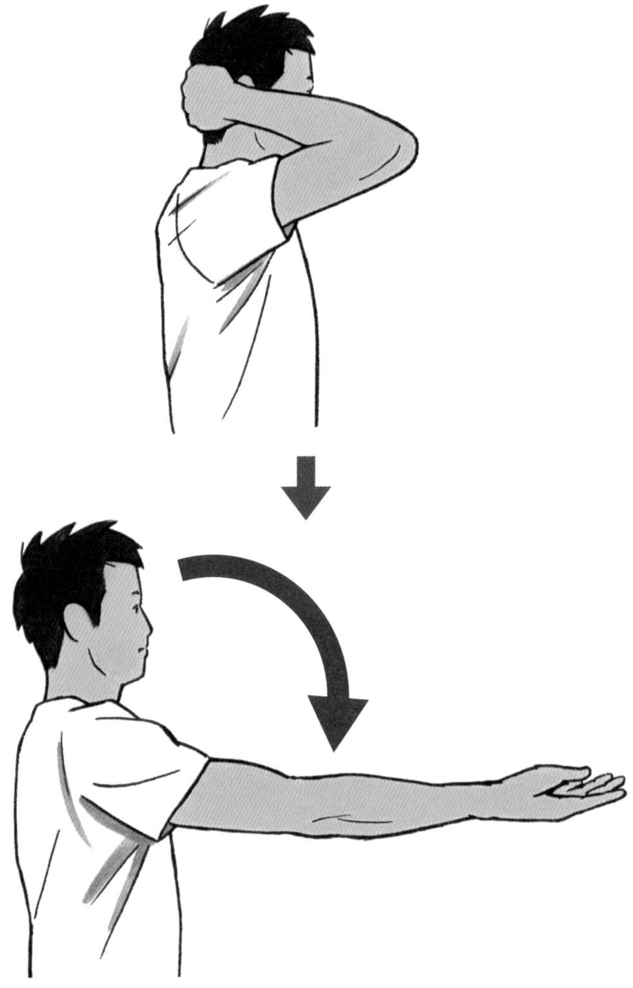

後頭部の辺りに手を持っていき、そのまま腕を前方に振り下ろす。そのとき、手の甲が見えるか、手のひらが見えるか?

腕を振るときに手の甲が上を向くのは、解剖学的に言って、肩の関節が「内旋(ないせん)（一部前腕が回内(かいない)）」することで起こります。回内は手のひらが下を向くように回転させることです。

もう少しわかりやすくお話ししましょう。

「手の甲が上を向く」動きはヒトが行う最も速い動作

まずは、解剖学のお勉強からです。**図2**のように、手を挙げた状態から腕全体が前方へ倒れる動きを「内旋」（**図上**）、逆に背中側へ倒れる動きを「外旋(がいせん)」（**図下**）と言います。

この肩関節の内旋動作は、実はヒトが行う最も速い動作と言われています。投球だけでなく、バレーボールのスパイクやバドミントンのオーバー・ヘッド・ストローク、テニスのサーブ、さらにクロール（水泳）のプル動作に至るまで、スポーツの動作で速度を上げるのには、この肩関節の内旋動作が関わっています。

投球動作で手の甲が上を向く動作は、実際は「肩関節の内旋により行っていること」、さらにはそれが「ヒトが行う最も速い動作」であることを覚えておいてください。

「手のひらが上を向く」動きはブレーキがかかるので遅い

それでは、なぜ、手のひらが上を向く動きが、手の甲が上を向く動きよりも遅いのかをお話しします。

手のひらを上にして動かすと、いわゆる「肘が伸びる」状態になります。これは肘関節の「伸展」という動きですが、**図3**のように、このとき作用するのは上腕二頭筋と上腕三頭筋です。特に力こぶをつくるときに作用する上腕二頭筋は、肘関節が伸展するのと一緒に伸ばされていきます。

このとき、上腕二頭筋は伸展しすぎないようブレーキの作用

図２　肩関節の内旋および外旋の動き

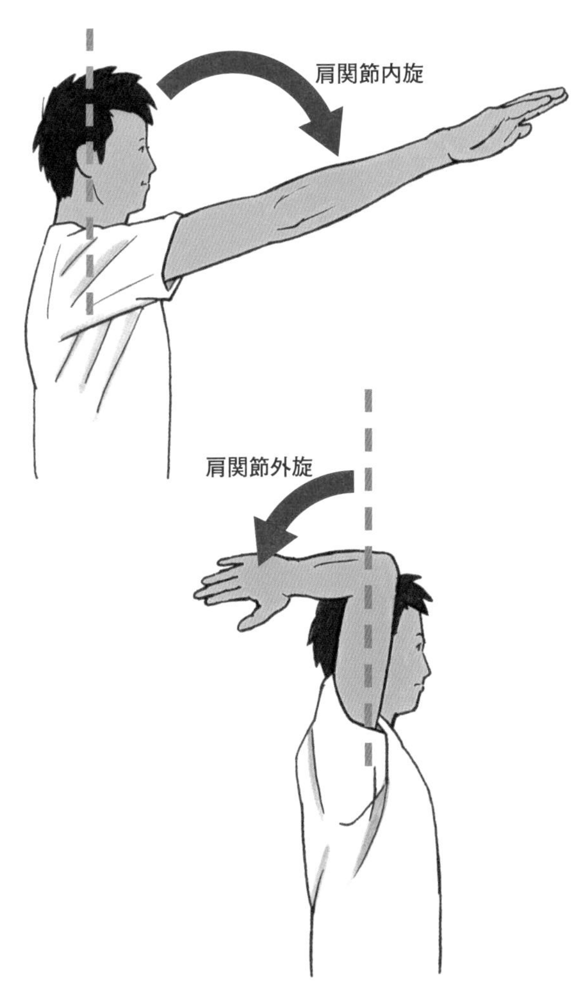

肩関節の内旋および外旋の動き。オーバー・ヘッド・スポーツ（肘を肩より上げる動作をともなうスポーツ）では必ず必要な動きである

をします。速く伸ばそうとしているところにブレーキがかかるので、遅くなるのです。

このように、骨を巧みに動かすことのできる筋肉は、骨を動かすことを制限することもあるのです。こうして私たちの体の筋肉には、関節が大きく動きすぎてケガをしてしまわないよう、体を守る役目もあるのです。

⚾ 手の小指が上を向くようにひねると腕が加速する

さて、この腕を早く振るための内旋の動きを、さらに効果的にするにはどうしたらよいでしょうか？

先ほどのように頭の後ろに手を置いてから、手の甲が上を向くように腕を振ります。このとき、さらに手の小指が上を向くように手のひねりを大きくしてみます。

さあ、どうでしょう？この動きをすると、肩が前に出ませんか？

手の甲が上を向くだけでは、肘の関節が伸びたところで終わりですが、手の小指が上を向くようにすると、手を振る範囲がさらに大きくなりませんか？

なぜ、このような動きができるのかと言えば、手をひねる動き（前腕の回内）で上腕二頭筋をゆるめることができ、さらに肩甲骨を前に出す動き（肩甲骨の外転、**図4**）が加わって、腕を振る範囲が大きくなるからです。

これにより、腕を加速できる範囲が大きくなり、結果的に腕を速く振れるようになるのです。つまり、腕を速く振るには、腕が加速できる範囲を大きくすることが重要なのです。

写真3を見てください。投手は腕をまっすぐ振っているのではありません。腕を振るときに、ひねる動作（内旋と回内）をしているのです。

図３　上腕二頭筋と三頭筋

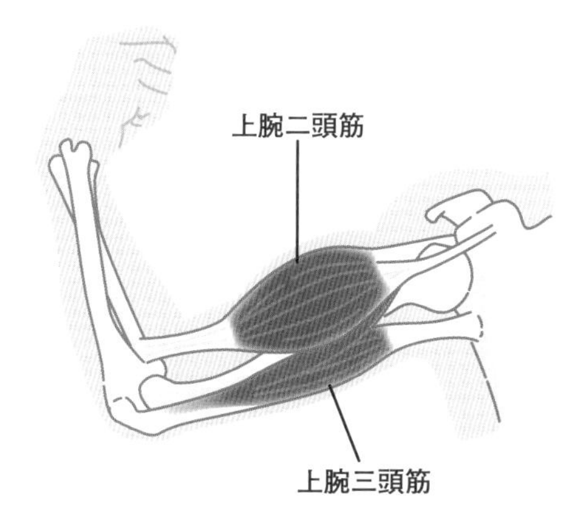

「力こぶの筋肉」と呼ばれる上腕二頭筋。投球では、拮抗筋（正反対の動きをする筋肉）と呼ばれる上腕三頭筋をアクセルとすると、上腕二頭筋はブレーキの役割をする

図４　肩甲骨の動き（外転）

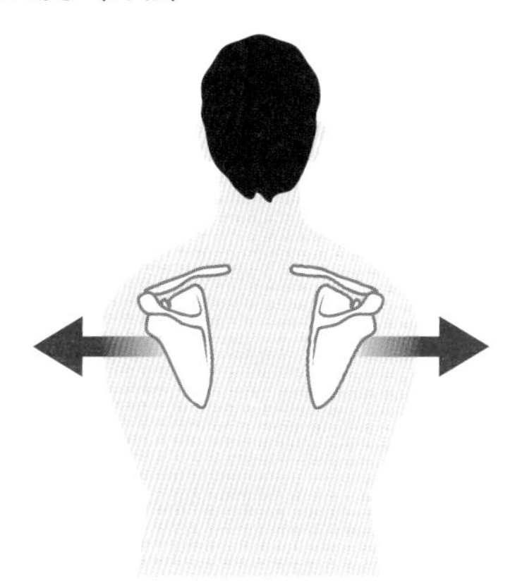

外転

投球の中で非常に重要な役割をする肩甲骨。肩甲骨の周辺に肩や背中にある上腕を動かす筋肉を集めることで筋肉を連動させ、上腕の自由で滑らかな動きを支えている

写真３　投手の腕の動き。腕がしなる写真②では、肩関節が外旋位、前腕が回外位にあるのに対して、リリース後の写真⑥では、肩関節が内旋位、前腕が回内位にあることがわかる。この動きは結果的にそうなっていることが多く、あまり強調させすぎるとリリースがうまくいかなくなることがある

大きく外旋できれば内旋を加速できる範囲が広がる

前項で、「腕を速く振るには、肩関節の内旋の動きが重要で、さらにその腕が加速できる範囲を大きくすることが重要である」ことを述べました。

もっと速く腕を振るためにはどうしたらいいでしょう？

腕を加速させる範囲をもっと大きくする方法は、他にないでしょうか？

先ほど「内旋の動きが重要」と言いましたが、この動きを大きくするためにできることはないでしょうか？

図5を見てください。内旋の範囲を大きくするには、腕を大きく後ろに引く必要があります。これは先ほど出てきた外旋の動きです。

つまり、**外旋を大きくすることができれば、内旋を加速する範囲を大きくできる**のです。

写真4を見てください。これは腕を加速する直前ですが、腕を大きく引いていることがわかります。これは腕が大きく外旋していることを示しており、速い球を投げるには必須の動作なのです。

大谷翔平選手の「肩関節最大外旋角度」は断トツの数値

腕の大きな外旋は、野球の指導の中では「腕のしなり」と呼んでいて、**よい投手に多く見られる動作**だと言われています。この「腕のしなり」はバイオメカニクス（生体力学）では「**肩関節最大外旋角度**」と呼ばれており、投手を数値で評価するときの指標の1つになっています。

図 5　肩関節の外旋角度の違いとしなりの違い

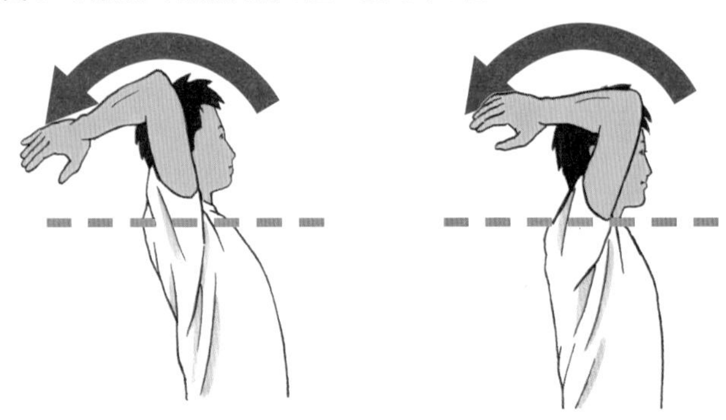

肩関節の外旋角度が大きく、しなりが大きい　　肩関節の外旋角度が小さく、しなりが小さい

しなりが大きいことは大切だが、それを戻す力はもっと大切で、投手はこの柔らかさと強さの両方を身につける必要がある。筋力トレーニングも大切だが、同時に可動域も確保する必要がある

写真 4　腕のしなりは腕だけでつくるのではなく、体幹全体がしなる形ができると、より一層、力強くなる。写真は、ロサンゼルス・ドジャースで活躍した野茂英雄投手　　写真：AFP= 時事

肩関節最大外旋角度は、計測の仕方として、腰から肩にかけての体幹のラインに直角なラインに対して前腕がなす角度によって評価することができます（**図6**）。これまで、私たちが調べたところによると、時速140キロを投げる投手の平均で180°、時速150キロを投げる投手で平均195°でした。

これまで大まかなものを含めて計測した投手で断トツだったのが、北海道日本ハムファイターズ（当時）の大谷翔平選手で、なんと222°でした。速いボールを投げる大谷翔平選手の肩関節を外旋させる能力は、すばらしいものがあります。

「肩関節最大外旋角度」を大きくするには？

ちなみに、肘を真上に上げて、肩を外旋させてみてください。肘を耳の後ろに置けますか？　結構、きつい動きだということ

図6　肩関節最大外旋角度

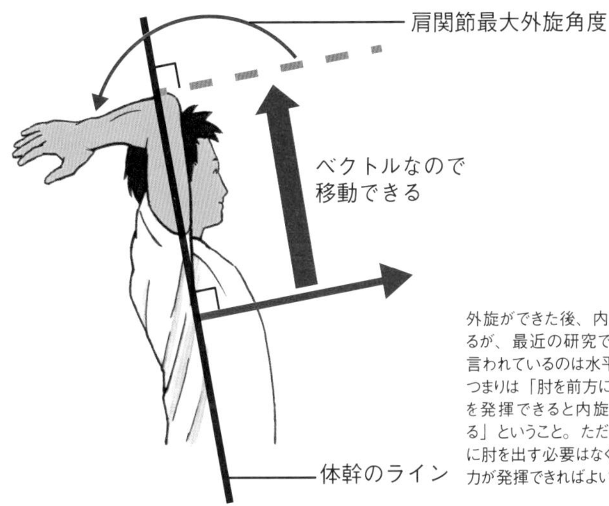

がわかりますよね。

もちろん、これは体が勢いを持っているために可能なのであり、「静的な状態の外旋角度」と「動いているときの外旋角度」は異なります。そうはいっても、前腕を180°以上にすることは大変難しいですね。

それでは、この「肩関節最大外旋角度を大きくするためにはどのような能力を持っていればよい」でしょうか？

図7は、宮下（2009）が報告した「肩関節の外旋角度を、どのように獲得しているのか」、つまりは「投手が投球中にどのように腕をしならせているか」を示しているものです。

左から説明しましょう。一般的な投手の外旋角度が平均**150°**とします。

すると、**肩甲上腕関節**が受け持つ角度は**103°**程度です。肩甲上腕関節というのは単純に肩のジョイント部になります。

次に**肩甲骨**が**25°**程度の貢献をしています。このときの肩甲骨の動きは内転と呼ばれるもので、肩甲骨を背骨に近づける動きになります。

さらに、**胸椎**（きょうつい）が**10°**程度の貢献をすることになります。胸椎とは、背骨のちょうど胸位の高さの骨のことですが、胸椎は左右に40°程度回旋させたり、前方、後方にずらしたりすることができます。

まとめると、肩甲上腕関節103°程度＋肩甲骨25°程度＋胸椎10°程度＝138°程度となります。

この、肩甲骨と胸椎の動きは、ちょうど**写真5**のように「胸を張る」動きと呼ばれるものであり、外旋を助ける動きになります。そして、**この動きができるかどうかは個人の資質と努力**によります。

図７　腕のしなり……最大外旋はどうつくられるか?

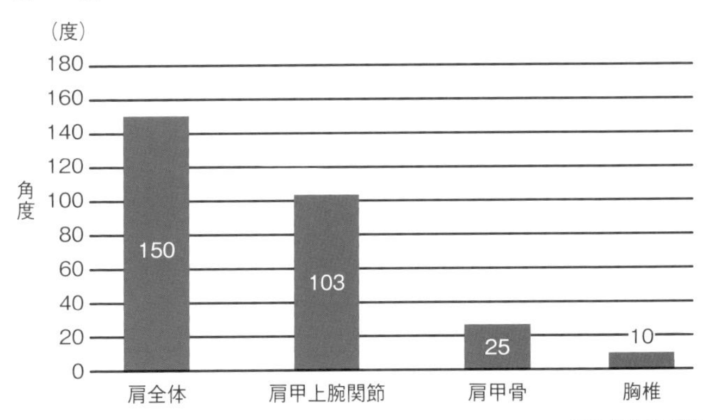

宮下（2009）改変

写真５　投手の胸の張りは肩甲骨の内転と胸椎の伸展を合わせて行う必要がある。私がこのトレーニングでお勧めしているのは「ヒップホップのダンス」である。体幹を１枚の「板」ではなく、いくつかに「割って」使えるようにするためである。写真はホワイトソックス戦で力投するツインズ先発の前田健太投手
写真：AFP=時事

他の人より肩甲骨を内転させ、胸椎を前方にずらせるか？

以下は、野球の日本代表のトレーナーを長く務めた方から聞いた話です。「日本代表のエース級に共通した体力要素は何か？」という問いに対して、「さまざまな調査をしたものの、よい投手の共通点は少ない。しかし、その少ない共通点の1つが、**伏臥（ふくが）上体反らしが60cm以上であること**」という答えでした。

「**伏臥上体反らし**」は、一昔前に学校で行われていた体力テストの1種目です。30代以上の方であれば経験があるのではないでしょうか？

伏臥上体反らしは、うつ伏せに寝た状態で膝をパートナーに押さえてもらい、腕を後頭部で組んで、ゆっくりとあごを上げて背中を反らしていく種目です。

床とあごの先端の距離をまっすぐ計測するのですが、そもそも伏臥上体反らしの目的は背筋の「力」と背筋の「柔軟性」を測るものでした。この上体を大きく反らすには、「胸を張る」必要があります。このとき、**人より肩甲骨を内転させ、胸椎を前方にずらすことができるかどうかが**、上体を大きく反らせるためのカギになるのです。

肩甲骨は上腕骨以外、筋肉で他の骨と結びつく

肩甲骨は、腕の動きを安定させるために欠かせない骨ですが、ヒトの骨の中では「異色」です。

なぜ異色かといえば、通常、骨と骨は肘関節のようにヒンジの関係で安定した動きを生むのに、肩甲骨はそもそも形が板状であり、しかも、上腕骨以外には周りに骨がないからです。

図８　伏臥上体反らし

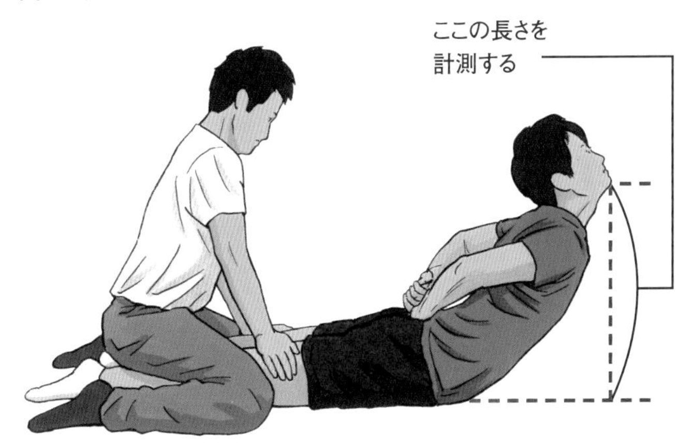

昔は体育の体力テストの種目にあった伏臥上体反らしだが、勢いをつけてやると背中や腰を痛めてしまうことがあるので気をつけたい

肩甲骨は、たくさんの筋肉によって四方に引っ張られながら背中についているのです。

よって、肩甲骨を滑らかに動かすには、周りにあるたくさんの筋肉を一緒に動かす必要があります。

⚾ 肘が肩より低いと腕は外旋しにくくなる

肩の外旋角度を大きくするには、肘がある程度上がっている必要があります。

それでは、外旋角度を体験してみましょう。

まず、肘を肩の高さまで上げてください。そして、前腕を背中側に倒してください。つまり、投球時に腕をしならせる格好をするということです。

どのくらい、しならせることができたでしょうか？　鏡の前で試せば簡単に確認できますが、鏡がなければ他の人に確認してもらってください。

次に、肩より低い位置に肘を上げておきます。肘をあまり上げないということです。

そこから、先ほどと同じように腕をしならせてみましょう。肘が肩の高さにあるときよりも、低い位置にあるときのほうが、腕のしなりをつくりにくいことがわかるでしょう。

これは、肩甲骨と上腕骨の関係性が崩れて、上腕骨だけで外旋をつくるからです。上腕骨だけだとあまり外旋できないのです。

腕の外旋角度を大きくするには、肩甲骨の助けが必要であるということがよく理解できる実験です。たとえば、腕を肩より上げるためには、肩甲骨が開く（解剖学的には外旋）必要があります。

このように、肩甲骨には腕の動きをサポートする役割があります。このことから、腕をしならせるためには、肘が最低でも両肩のラインくらいまでは上がっている必要があることがわかります。

現代は「肩甲骨を動かさない」時代

速い球を投げるには「肩甲骨を滑らかに動かす必要」があるのですが、この動きには個人差があるようです。

特に現代は「肩甲骨をあまり動かさない」生活になっていると言えます。なぜなら、体を大きく使う仕事よりも、手先を使う仕事が多くなっているからです。

たとえば、パソコンを使う仕事は指先が動けば済みます。

このとき、肩甲骨はどうなっているでしょうか？

動かず、じっとしています。逆に言えば、肩甲骨が動いてしまうと手が定まらないので、細かい作業ができません。

このように肩甲骨を動かさない状態を長く続けていると、肩甲骨の機能は低下していきます。

現代の私たちの生活は、「肩甲骨を動かそう」と思っても、滑らかに動かなくなりやすい傾向があるのです。

肩甲骨がよく動く人は、小さいころから日常の生活の中で、肩甲骨やその周囲をよく動かす習慣があるのでは、と推測しています。

では、肩甲骨やその周囲を動かす運動とは具体的にどのようなものでしょうか？

たとえば、水泳のクロールのような動作です。また、小学校の校庭や公園などにある「雲梯（うんてい）」を、腕を大きく使ってサルのように渡ったりすることなどによって鍛えられます。

小さいころからこのような習慣があると、後に投球動作のときに生きてくると考えられます。

肩甲骨の動きをよくするエクササイズ

ここまで、「速いボールを投げるための腕の使い方」を示してきました。それでは、このような腕の使い方を可能にするには、どのようなトレーニングを行えばいいのでしょうか？　また、どのような留意点があるでしょうか？

ここで、簡単なエクササイズを紹介します。

図9のように、「前へならえ」の要領で、まっすぐ前へ手を伸ばします。その状態のまま、肩甲肩を前に動かします。

次に、今度は肩甲骨を背骨に近づけるようなイメージで引いてください。

このとき、動かすのはあくまで肩甲骨だけです。他の部分は動かしません。

このように肩甲骨を前に動かし、その後、肩甲骨を引くという動作を、それぞれ3秒ずつ、10回行ってください。

慣れないと、この動きは意外に難しいものです。特に肩甲骨を引く動作は、自分では肩甲骨を引いているつもりでも、動いていないケースが見られます。

そこで誰かパートナーに、左右の肩甲骨の真ん中にある背骨の部分を指で触ってもらい、ここに肩甲骨を引き寄せることを意識します。そうすることで肩甲骨を動かしやすくなるでしょう。

慣れてきたら、チューブなどを使って**写真6**のようにエクササイズします。すると負荷が加わり、トレーニングの要素が強くなっていきます。

図９　肩甲骨を動かす

肩甲骨を意識して動かすのは難しいが、投手なら意識的に動かせるようになることが望ましい。よく「肩甲骨の柔軟性」という言葉が登場するが、これは肩甲骨の可動性を示し、どれだけ周囲の筋肉を動員できるかによる

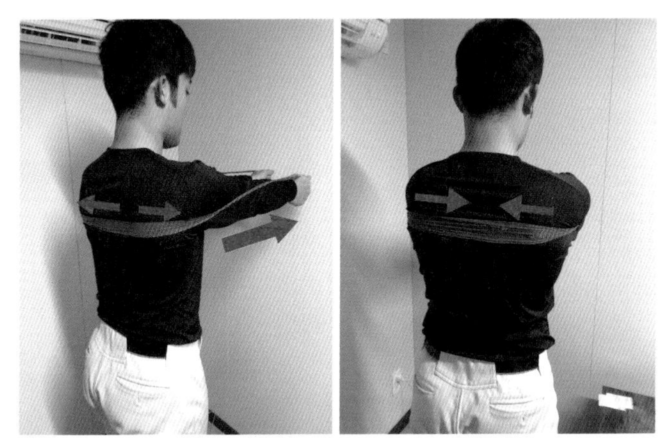

写真６　チューブで負荷をかけた菱形筋・前鋸筋のトレーニングは強度が高くなる

肩甲骨の内転は菱形筋、外転は前鋸筋が作用する

肩甲骨を背中に集める動きは、主に**内転**です。内転では、**図10**に示す**菱形筋**（りょうけいきん）という筋肉が作用します。おそらく自分の背中の菱形筋は触れないので、他の人の背中の菱形筋を触ってみてください。菱形筋の部分がへこんでいる人は、菱形筋が不足している人です。

逆に、肩甲骨を前に出す**外転**の動きは、**図10**に示す**前鋸筋**（ぜんきょきん）が作用しています。前鋸筋は脇腹の上あたりに、ちょうどノコギリの歯のようにギザギザの筋肉が浮かび上がることからこの名前がついています。前鋸筋が浮かび上がるのは筋骨隆々の人です。

姿勢が悪いと肩甲骨をうまく動かせない

肩甲骨を動かすには**姿勢**も大変重要です。

ここでも1つ、実験をしてみましょう。

まずは、「正しい姿勢」で――この場合の「正しい姿勢」とは、立位で胸を張り、でも、お腹は少し引っ込める感じです。横から見て、「耳の位置」「肩の真ん中」「おしりの真ん中」が垂直になっているかチェックしましょう（**図11左**）。

この状態で肘を肩の高さまで上げて、次に肩を外旋させて腕をしならせてみましょう（**図11右**）。ちなみにこのとき、手が耳より後ろに行けば、あなたは立派に投げられます。

大丈夫でしたか？

それでは次に、両肩を体の前に出して、背中を丸め、いわゆる「猫背」の姿勢をつくってください（**図12左**）。この猫背の

図 10　菱形筋と前鋸筋

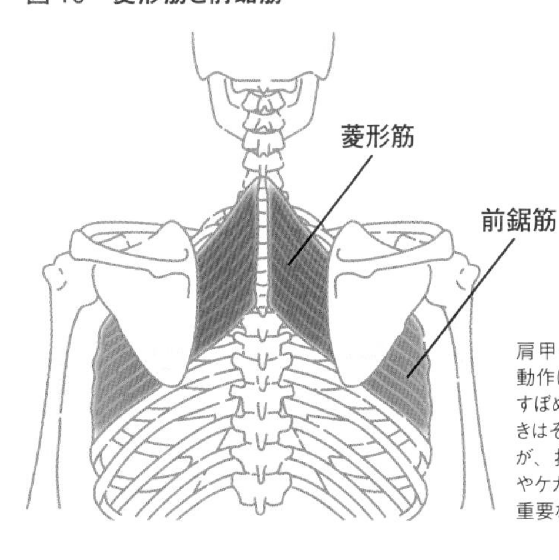

肩甲骨の内転は「胸を張る」動作につながり、外転は「胸をすぼめる」動作につながる。動きはそれほど大きいものではないが、投球パフォーマンスの向上やケガの予防の面でも、非常に重要な役割がある

図 11　肩甲骨を動かす姿勢（立位）

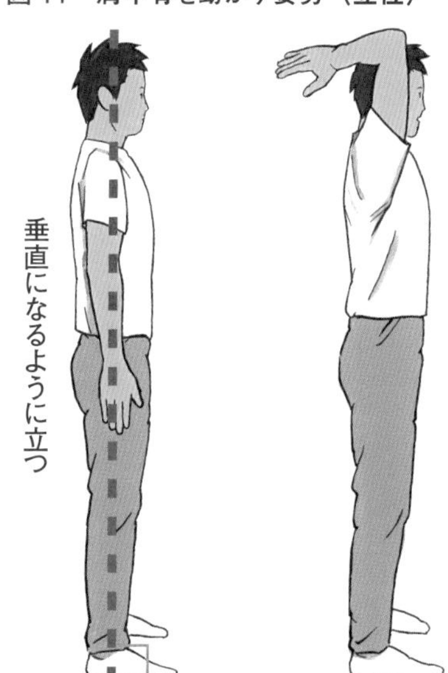

耳の真ん中、肩の中央、大転子、膝中央、くるぶしが一直線になるように立つ

姿勢で腕を上げてみましょう。非常に腕を上げにくいことがわかるのではないでしょうか？（**図12中**）

さらに、腕をしならせるように肩を外旋させてみてください。この状態で肩を外旋させるのはかなり難しいことがわかります（**図12右**）。

なぜでしょう？

これは、肩甲骨が「猫背」の姿勢をつくるのに使われてしまい、自由に動くことができなくなっているからなのです。

お父さんやお母さん、学校の先生などに「胸を張って姿勢を正しくしなさい」と言われた人は多いと思いますが、これは、野球をする人にとっても「ありがたい指導」と言えるのです。

⚾ 小さな筋肉が動くようになると胸椎も動くようになる

胸椎を動かすエクササイズとしては、ヒップホップのダンスのような動きを取り入れることも効果的です。ヒップホップのダンスをする人たちは胸を出したり、引っ込めたり、横にずらしたりする動きをします。

こうした動きは、背骨周りのたくさんの小さい筋肉が作用したり、肋骨の間にある肋間筋などの小さい筋肉を動かします。

小さい筋肉は意識的に動かさないと、大きい筋肉が代償（代わりに動いてしまうこと）してしまうことがあります。

小さい筋肉を鍛えたいときは、特別大きな負荷をかける必要はありませんが、**日常の生活や気がついたときに意識して胸を出したり、引っ込めたりする運動を習慣づけていくことが大切**です。この結果、胸椎の可動性は大きくなると考えられます。

私も普段、「練習というと、何か重い負荷をかけたり、息が切れたり、つらいものだけを考えがちだが、日ごろの生活の中での心掛けでも十分な練習になる」ということを学生に伝えています。

図 12　肩甲骨を動かす姿勢（猫背）

これは経験則からも言えることだが、よい投手の共通点として、非常に姿勢がいいことが挙げられる。頭から足に至るまで、1 本筋が通った姿勢をしていることが多い

肩関節の外旋から内旋への動作は秒速5000°！

図13のグラフは、投球時の肩関節外旋（＋）角速度、肩関節内旋（－）角速度を示したものです。

角速度というのは回転する速度です。

関節は2つの骨が連結されており、片方の骨から見て、もう片方の骨が回転することで動作が起こります。つまり、関節の動作は回転する角度が常に変化していくことで生じるのです。

図13からもわかるように、外旋から内旋への動作は秒速5000°にもなります。1周が360°ですから、どれほど速い回転か理解できると思います。これまでの研究でも、投手の肩関節内旋角速度の最大値は、秒速5000°から7000°になると言われています。

リリース時にボールを上から押さえる「カギ型の指」

さて、肩関節外旋角速度は、投球速度への貢献が最も大きいのですが、ボールへ最終的に力を伝えるのは手、もっと言えば人差し指と中指です。

あれだけダイナミックに体を動かしても、最終的に力を伝えるのは指2本という、何とも頼りない話なのですが、その繊細さが非常に重要となります。

写真7は、5000分の1秒という高速シャッターで撮影した、ボールのリリースの瞬間です。保持しているボールは、リリースにかけて7cmほど人差し指と中指の上を転がり、最終的に指先でリリースされます。

このとき、指がカギ型になっていることで、上からボールを

図 13　肩関節の外旋・内旋角速度

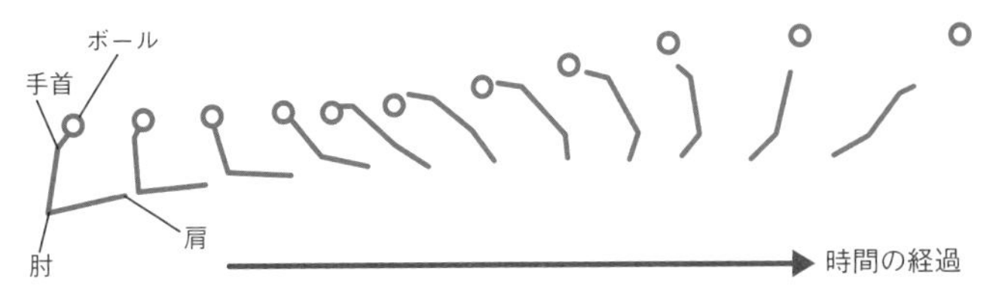

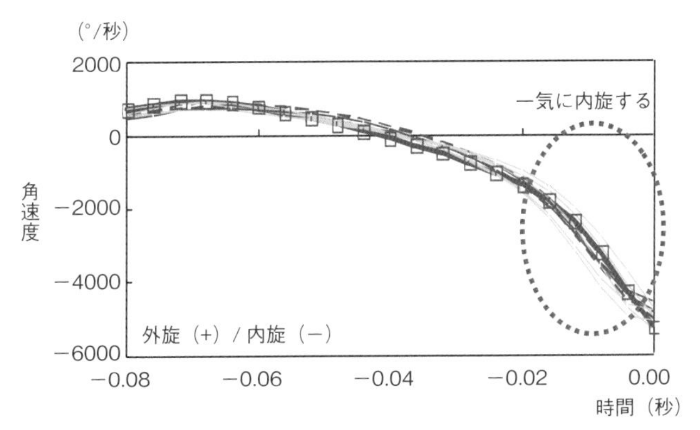

肩関節は最大外旋から一気に内旋する

写真 7　近年、高速度カメラの発達により、以前はなかなか見ることができなかったリリース時の手指の動態がわかるようになってきて、その研究も多くなっている

押さえることができます。投げているときにはボールから受ける抵抗力があるため若干指が伸びていきますが、最終的にカギ型になることで、上にすっぽ抜けたりしないでリリースすることができるのです。

捕手に向けてではなく地面にたたきつけるように投げる

図14は、リリース付近のボールに与える「指の力」と「ボールの方向」を図に示したものです。球速が速い投手と球速が遅い投手について示されています。

この図を見ると、**球速が遅い投手の指の力は、リリースにかけて捕手方向に向いている**ことがわかります。これに対して、**球速が速い投手の指の力は、地面の方向に向いていることが**わかります。

つまり、速いボールを投げようとする場合、**指をボールにしっかりとかける意識をもってリリースすることが望ましい**のです。

これまで私の研究室には、元プロ野球選手で投手だった2名の方がいらっしゃいましたが、「たたきつけるような感覚だった」と話していましたので、このことは速いボールを投げる人たちの感覚に合致するのではないかと思います。

間違ってはいけないのは、やみくもに力を入れればいいのではなく、**しっかりと指をボールにかける意識を指先に持つことが大切**ということです。

腕の振りは、基本的には一瞬の動きなので難しいとは思いますが、リリースを間違えると時速5キロから時速10キロも球速が落ちてしまうことは、私たちの研究でもわかっています。一瞬の動きではありますが、しっかりと行ってほしいと思います。

図 14　指の力の方向の違い

球速が速い投手

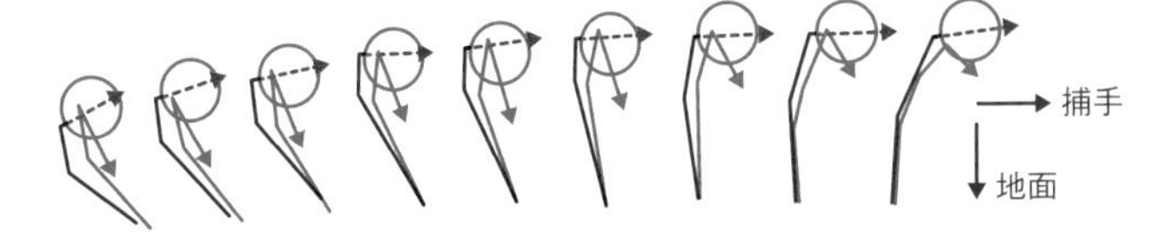

球速が遅い投手

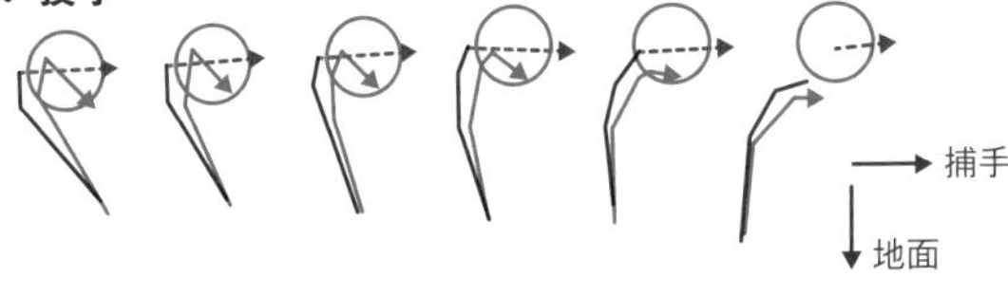

リリース付近のボールに与える指の力。球速が速い投手は下方向の力が大きい

（高橋ほか、2000）

肘を鈍角にすると速い球を投げられる理由

速い球を投げるために必要な「腕の動き」と「必要な条件」についてはだいたい理解していただけたでしょう。

最後にもう1つだけ、「さらに速さを追求するためにはどうすればよいか」をお話しします。

これまで「内旋の動きが球速に貢献する」ことをお話ししてきました。しかし、内旋を効果的に行うためには「軸周りの長さ」を考える必要があります。

写真8と**9**に示すように、腕を加速する局面では、以下のよ

写真8　オーバー・ハンド・スローの代表的な投げ方をする野茂英雄投手。腕自体は両肩のラインの延長上にあるが、体幹を傾けて、上からリリースする角度をつけている。写真はロイヤルズ時代のもの。4回にリリーフで登板した　　写真：時事

うな2つの投げ方があります。

① 90°に肘を曲げて内旋させる投げ方（オーバー・ハンド・スロー）
② 180°まではいかないが、肘を鈍角にして、なるべく伸ばすような投げ方（スリークォーター・ハンド・スローやサイド・ハンド・スロー）

結論を言えば、内旋を速くしようとしたら、なるべく肘を伸ばす投げ方のほうがよいと言えます。

写真9　2021年現在、世界最速と称されるヤンキースのアロルディス・チャップマン投手。スリークォーター・ハンド・スローの代表的な投手だ。他の投手と異なるのは、体幹から腕の使い方。投球中の体幹の捻転動作が他の投手より、よく使われている　写真：EPA＝時事

軸に近いと慣性モーメントが小さい

ここで、物理学の中でも「力学」と呼ばれる分野で使われる、慣性モーメントという概念をご紹介します。

慣性モーメントとは、物体の回しやすさ、回しにくさを表す指標です。慣性モーメントの値が小さいと回しやすく、逆に大きいと回しにくいと言えます。

式にすると、

$$I=m\times r^2$$

となります。

mは「質量」、rは「軸からの距離」を表します。ここで注目してほしいのは「rが2乗で効いてくる」ことです。つまり、質量が同じ物体なら、軸からの距離が長いと、2乗で回しにくくなるということです。

距離が2倍なら4倍回しにくいことになります。

慣性モーメントとは？

- 物体の回しやすさ、回しにくさの指標
  $I=m$《重さ》×（r《長さ》）^{2}
  （mは質量、rは軸からの距離）

- 同じ質量なら、軸からの距離が長いと回しにくく、短いと回しやすい
- スケートのスピンの例

これは投球にかなりの影響があると推測されます。

このことを端的に表す例として、フィギュアスケートのスピンがあります。フィギュアスケーターはスピンするとき、最初は手を広げています。このときは回転がゆっくりです。

しかし、その腕を体に引き寄せた途端、回転が速くなります（**写真10**）。氷上の外力がない状態でこうした変化が見えるのは、この慣性モーメントの原理をフィギュアスケーターが応用しているからなのです。

写真10　慣性モーメントを説明するためによく使われるのがフィギュア・スケートのスピンである。外力（外からくわえられた力）がないのに、腕を体に引き寄せると回転（スピン）が加速する。写真は全日本フィギュア・男子フリーでスピンを見せる小塚崇彦選手

写真：時事

速い球を投げやすい「投げ方」がある

前項の慣性モーメントを、野球の投球で考えてみましょう。

図15のように、肩が内旋するための、軸からボールまでの距離を考えると、投球では肘を極力伸ばしているほうが、肩を速く内旋しやすいと言えます。つまり、速い球が投げやすいとい

図15　投げ方のモデル図

上記のモデルは速い球を投げるうえでは望ましいが、そのためには肩関節の水平内転トルクなどが必要であり、つまりは筋力もかなり必要である。肩関節周囲の筋力がない選手だと逆に遅くなる可能性がある

うことになります。

私たちがこれまで、球速が速い投手を調べたところ、「肘を伸ばして内旋するタイプが多い」と言えます（もちろん、例外と言える投手もいましたが）。

この投法は、「スリークォーター・ハンド・スロー」もしくは「サイド・ハンド・スロー」と呼ばれる投げ方になります。この投法で投げている（もしくは投げていた）のは、前述のアロルディ

肩の内旋に対する前腕の慣性モーメント大

ス・チャップマン投手（ヤンキース）のほか、

　クリス・セール投手（レッドソックス）

　ランディ・ジョンソン投手（マリナーズ）

　郭 泰源投手（西武ライオンズ）

などが挙げられます（**写真11**）。

クリス・セール投手（レッドソックス）　写真：時事

と、こう書きましたが、実のところ、こうした投げ方をお勧めしているというわけではありません。

その理由は後ほど書きますが、野球はただ「速い球を投げればいい」わけではないからです。あくまで、その人に合った投げ方を探し出していくことが大切です。

ランディ・ジョンソン投手（マリナーズ）　写真：AFP＝時事

写真 11　クリス・セール投手やランディ・ジョンソン投手などは体幹の長軸上のモーメントアームが大きく、これを使ってオーバー・ハンド・スローを行うと効果的に思えるが、大きすぎるせいで体幹から腕の動きが遅くなる可能性がある。そのため、高身長の投手でモーメントアームが短い体幹の横軸回転を使うサイド・ハンド・スローの投手が多くいると考えられる

腕を速く振るには「体幹の回転」が不可欠

さてここまで、ボールを投げることに直接的に関係している腕についてのお話をしてきましたが、腕を速く振るためには体幹の動きが重要です。

体幹とは、人間の体の中で頭部と四肢を抜いて残ったところを指します。体幹は体全体の48.9%(質量比)にもなります(阿江ほか、1992)。この体幹でつくられた運動エネルギーが腕に伝わることで、速いボールを投げることが可能になります。

体幹がどのようにして投球に必要な運動エネルギーを生むかといえば、回転です。

ただし、この場合の回転は2種類あります。

図16にあるように、一般的に「腰を回す」といった表現をする横の回転と、体幹を前屈させるような動きである縦の回転です。

投手の腕の回転が基本的に斜めになるのは、この縦の回転と横の回転が合成されたものになるからです。

横の回転は、軸からの距離が比較的短いので、速く回転できます。

縦の回転は、軸からの距離が長くなるので遅い回転となります。

慣性モーメントは、横の回転のほうが小さくなり(回しやすい)、縦の回転では大きくなる(回しにくい)傾向にあると言えるでしょう。

「体幹の回転は横の回転がいい」とは言い切れない理由

そうなると、一見、横の回転のほうが有利に感じますが、体幹の役割は運動エネルギーを発生させることなので、エネルギーの総量が大切になります。もし、回転速度がさほど変わらないのであれば、慣性モーメントが大きい（軸からの距離が長い）縦の回転のほうが大きな運動エネルギーを発生させることができるので、有利と言えます。よって、「体幹の回転は横の回転がよい」とは一概には言えないところがあるのです。

前述のように、投手の投法にはオーバー・ハンド・スローやサイド・ハンド・スローなどがあります。指導していると、投手はこの体幹の回転の仕方が得意かどうかで、腕の角度を決めることが多いように思います。

私は大学生に野球を教えていますが、腕は上から投げ下ろしているものの、体幹の回転は横の回転のほうが強力な投手がいます。このような投げ方をしている投手は、腕の回転と体幹の回転が合わず、「球が遅い」などの悩みを抱えていることがあります。

このような場合、「サイド・ハンド・スローに変えてみたらどうだろうか」とアドバイスをすることがあります。この結果、オーバー・ハンド・スローだった投手がサイド・ハンド・スローの投手になったりすることがあります。

参考：阿江通良，湯 海鵬，横井孝志（1992）：日本人アスリートの身体部分慣性特性の推定．バイオメカニズム，11：23-33

図 16　投手の縦回転・横回転

通常、縦回転は「お辞儀」をするときの腰の回転、横回転は「バットを振る」ときの腰の回転を示し、投球時はこの2つが合わさることで、斜めから腕が振られる

「肩の開き」で球速が落ちる

もう1つ、体幹の動きで大切なのは「体幹のひねり」と言われる動きです。

図17は、時速150キロの投手と時速130キロ台の投手が、ステップ脚を地面に着地させたときの「肩と腰の回転速度」を比較したものです。

ステップ脚を地面に着地させたとき（SFC）、時速150キロの投手は、肩の回転が腰の回転（反時計回り）とは逆の方向（時計回り）にまだ回っています。腰はすでに反時計回りに回っているので、**ひねった状態**であることがわかると思います。

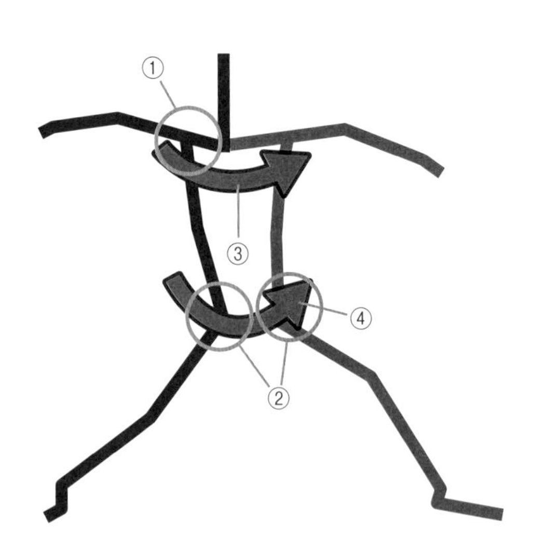

一方、時速130キロ台の投手は、ステップ脚を地面に着地させたとき、肩も反時計回りに回っており、腰の回転と同じ方向に回っています。この様子を**図18**に表してみました。

このように「腰の回転が始まっているときに、同時に肩の回転も始まってしまうこと」を「肩の開き」と言います。

時速130キロ台の投手は「肩が開いている」と言えるでしょう。

図17　時速150キロの投手（HG）と時速130キロ台の投手（LG）の比較

			HG	LG	
時点・部位		単位	平均値	平均値	p値
SFC 肩関節水平内外転角速度	内（+）外（−）	(deg/s)	−118.8	377.7	0.017 *
SFC 肩関節内外転角速度 ①	内（−）外（+）	(deg/s)	23.5	−144.3	0.007 **
最大ピボット脚股関節外転角度		(deg)	−59.8	−50.5	0.026 *
SFC ピボット脚股関節内外転角度	内（+）外（−）	(deg)	−47.6	−37.6	0.024 *
最大ピボット脚股関節内転角速度		(deg/s)	652.1	458.3	0.024 *
最大ステップ脚股関節内転角速度 ②		(deg/s)	495.7	363.7	0.043 *
SFC 肩回転角速度 ③		(deg/s)	442.2	761.0	0.021 *
SFC 腰回転角速度 ④		(deg/s)	517.8	473.9	0.668
SFC 体幹捻転角速度		(deg/s)	−75.6	192.1	0.003 **

（川村、2012）　（＊p＜0.05、＊＊p＜0.01）

図18　時速150キロの投手と130キロ台の投手の捻転動作の違い

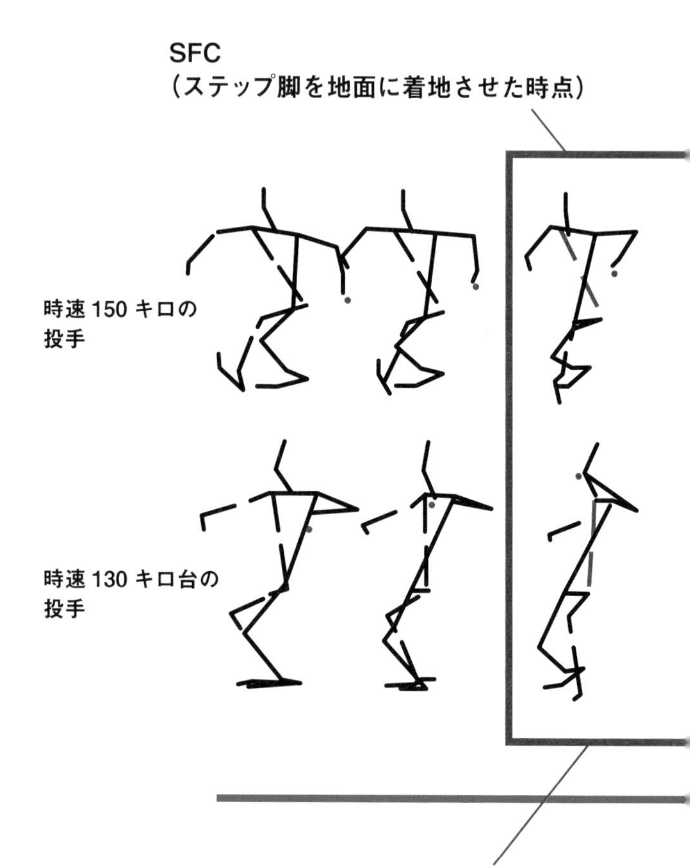

時速130キロ台の投手は、腰の回転が始まっているときに、肩の回転も同時に始まってしまう（肩が開いてしまう）

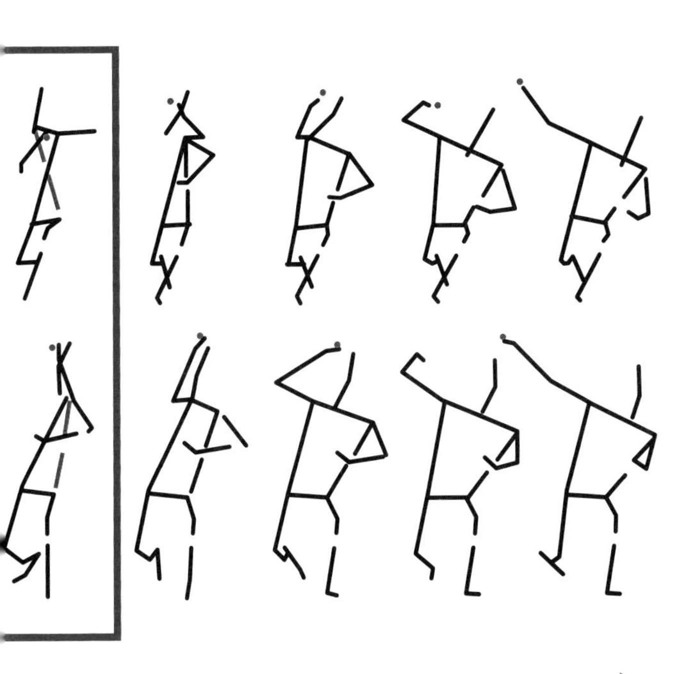

（川村、2012）

「肩の開き」を減らせる「胸郭の回転」

このような肩と腰のひねりは、どのようにつくられるのでしょうか。**図19**はヒトの背骨を表したものです。人の背骨（脊髄）は「空き缶」が積み重なったような形をしており、上から「頸椎

図19　背骨（脊椎）のしくみ

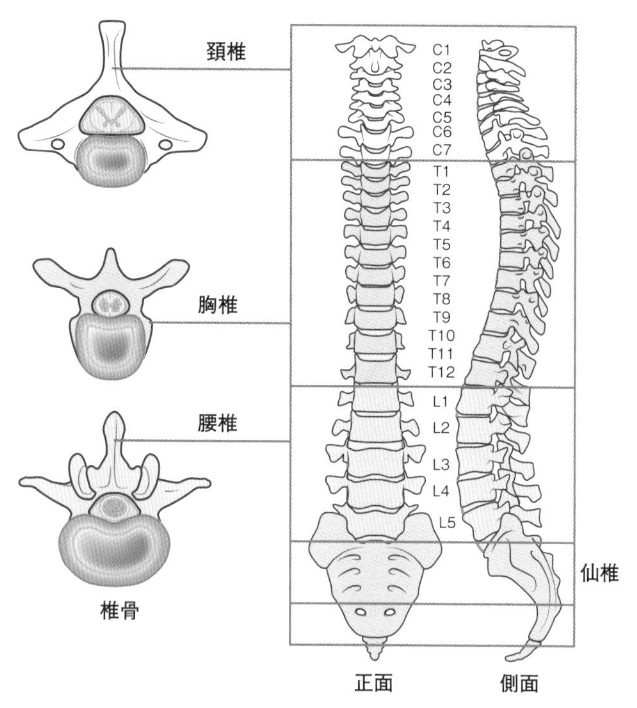

背骨（脊椎）は積み重なってS字のカーブを描いており、特に直立したときの重力に耐える構造をしている。野球では回旋運動が主体になるが、誤解されやすいのは、腰椎はほぼ動かない（左右5°程度）構造であるということ。なので、ここを回そうとしたりすると痛める可能性がある

が7個」「胸椎が12個」「腰椎が5個」連なっています。

頸椎は左右に約50°回転、胸椎は左右に約35°回転します。しかし、腰椎は5°くらいしか回転しません。

胸椎にくっついているのが肋骨であり、肋骨と胸椎を合わせて、**胸郭**と呼びます（**図20**）。この胸郭が動くことで効果的な投球ができます。腰の回転が起こっても、胸郭が回転しなければ、先ほど述べた肩の回転を抑え、肩の開きを減らせます。

しかし、胸郭も肩甲骨と同様、現代の生活ではあまり動かすことがないため、動かすことが苦手な人が多いようです。

図20　胸郭とは

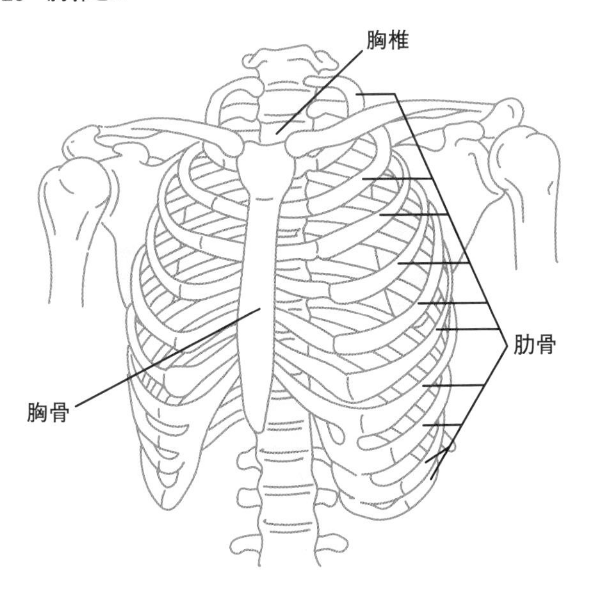

胸郭は肋骨、胸椎、胸骨が一体となった部位を指す。体幹上部の回旋、側屈を司るが、腕の動きに直接つながっていくため、非常に重要である

⚾ 優れた投手は胸郭を大きく動かせる

また1つ、実験をしてみましょう。イスに深く腰掛けて、背筋を伸ばしてください。このとき、両足を必ず地面につけてください。そして、腰を動かさない状態から、そのまま力を抜いて、**図21**のように肩を回転させてください。

腰がズレそうになると思いますが、ズレないようにしてください。手は体から離したままですよ。

肩はどのくらい回転しますか？

図 21　腰を固定して肩だけ回転させる実験

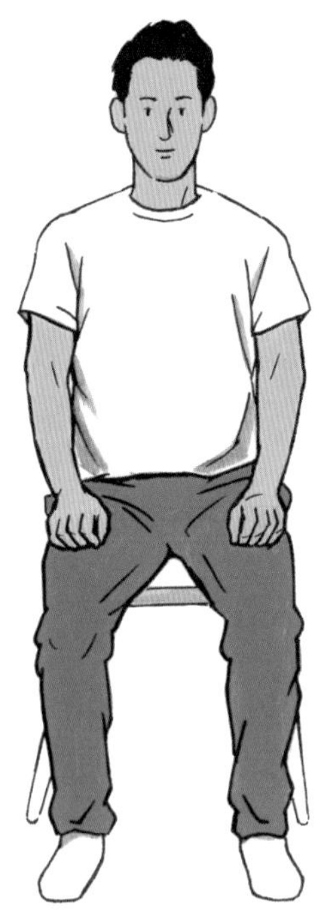

胸郭の回旋能力は投手にとって非常に重要。ここがしっかりと動くことで、下肢でつくられたエネルギーを胸の上や腕に伝えることができるし、胸郭自身も大きなエネルギーを生み出す

30°？　45°くらいは回りますか？

優れた投手はこの動きが柔軟で、腰と肩の関係が直角になるくらい回転します。

よい投手を目指すには、こうしたひねる運動を、日ごろからよく行ってください。ただし、あまり反動をつけずに行ってください。また、体が硬くてこの動きがしにくいようであれば、腰椎に負荷がかかる可能性がありますので、注意して行ってください。

アメリカで主流のT&F投法、日本で主流のD&D投法

ここでは速いボールを投げるための「脚の動き」をお話しします。よく聞かれることとして、「日本人投手と欧米人投手（メジャー・リーガーなど）の投げ方の違い」が挙げられます。特に「下半身の使い方がなぜ違うのか？」という質問を受けることがよくあります。

写真12を見てください。

写真12　T&F投法の欧米人投手。ア・リーグ優勝決定シリーズの第5戦で力投する、アストロズのジャスティン・バーランダー投手

写真：時事

メジャー・リーグの投手は、日本人投手に比べて、突っ立って投げているように見えます。一方、日本人は重心を落とし、膝を曲げて低い姿勢で投げています（**写真13**）。

どうして、アメリカと日本では、このように投げ方が異なるのでしょうか？

アメリカの野球の教科書では、前者を“トール・アンド・フォール”（以下T&F）、後者を“ドロップ・アンド・ドライブ”（以下D&D）と呼び、「T&F投法が望ましい」と書いてあります。ただし例外もあり、昔、ニューヨーク・メッツで活躍したトム・シーバー投手はD&D投法で投げていた名投手です。

写真13　D&D投法の日本人投手。プロ野球交流戦「北海道日本ハムファイターズ対東京ヤクルトスワローズ」で先発した大谷翔平投手（北海道日本ハムファイターズ）の投球フォーム
写真：時事

図 22　欧米人投手と日本人投手の違い

逆に日本人的な投球では、片脚でも低い姿勢がとれる。これにより重心は移動するが、極力一気には行かずに、上体を残しながら移動できる
日本人投手

T&F投法とD&D投法の違い

T&F投法は、文字通り、高いところから重力を使うことで、位置エネルギーを効率よく運動エネルギーに変えてボールに伝える投げ方です。高い位置から落とすことを意識するため、D&D投法よりもステップを狭くして、**体幹の縦の回転を使いやすく**しています。

一方、日本人の多くが使うD&D投法は、全身をくまなく使って、最終的にボールに運動エネルギーを伝えていく投げ方と言えるでしょう。

運動エネルギーを最終的にボールの速度へ変換していくには、**順序性**が重要です。

つまり、時間的な「ラグ(ズレ)」が必要であり、そのためには下肢→体幹→上肢→ボールといった順番に、時間のズレを発生させながらエネルギーを伝えます。

D&D投法は、脚を上げたところから、いったん、片脚で低い姿勢を保ちながらゆっくりとステップしていきます。このとき体幹はまだ軸足である右脚に乗っており、徐々に移動していきます。

左脚が着地しても、右脚にはまだ力が残っています。

このように右脚の膝を深く曲げることで、一気に体重が移動することを防ぎ、ステップしてもなお体幹が残るような順番をつくり出しています(**図22**)。

このことが、**D&D投法の利点**なのです。

一方、T&F投法では、左脚が着地したときには、体重のほぼすべてが左脚に乗り切り、そこからは一気に体幹を文字通り「落として」いくことで、エネルギーを生み出しています。

球速が速い投手は「股関節の外転」を使う

投球で脚を使う目的について、日本人投手と欧米人投手の投げ方の違いからお話ししましたが、速いボールを投げる投手には共通点があります。

投球時、投手はワインドアップで脚を高く上げますが、この脚の高さが高いからといって、速い球を投げられるわけではありません。

ですが、この「脚を上げる動き」は股関節の屈曲と言い、脚を屈曲できる能力はとても重要になります。

続いて、投手は脚を上げた状態から、「タメ」と言われる「片脚でステップをしていく局面」に入ります。

これは、重心の移動を下肢の動作に比べてゆっくりと行うことで「下肢と体幹の動きに差をつくっていく作業」です。

重心の移動速度が速いからと言って、速い球を投げられるわけではありません。

このとき、欧米人と日本人に共通している動きとして見られるのが、右脚を開脚する動作、解剖学的に言うと股関節の**外転**です。この股関節の外転を優位に使うことは、非常に大切になります。

一方、球速が遅い投手は、股関節の外転ではなく**膝の屈伸**を優位に使っています。

これについては次項で説明します。

球速が遅い投手は「膝の屈伸」を使う

図23は「スティック・ピクチャ」と呼ばれるものです。スティック・ピクチャは、投球している人の各関節の**中点**を捉え、結んだものです。

この「棒人形」で見ると、球速が速い投手は**ステップする脚の膝が自分のつま先よりも前**に出ません。逆に、球速が遅い投手は、膝が自分のつま先よりも前に出てしまいます。

実際にやってみるとわかるのですが、膝が前に出ると、**太もも前側(大腿四頭筋)に体重がかかる**ことがわかります。

球速が遅い投手は、ステップしながら膝を伸ばす動作を優位に使っていきます。もちろん、膝を完全に伸ばしてもいけないのですが、膝を伸ばす動作でステップをすると、太ももの前にある筋肉(大腿四頭筋)に頼った投げ方になります。実は、大腿四頭筋は、人の体の中でも大きな筋力を発揮できる筋肉です。

図23　スティック・ピクチャで表した、球速が速い投手の動き

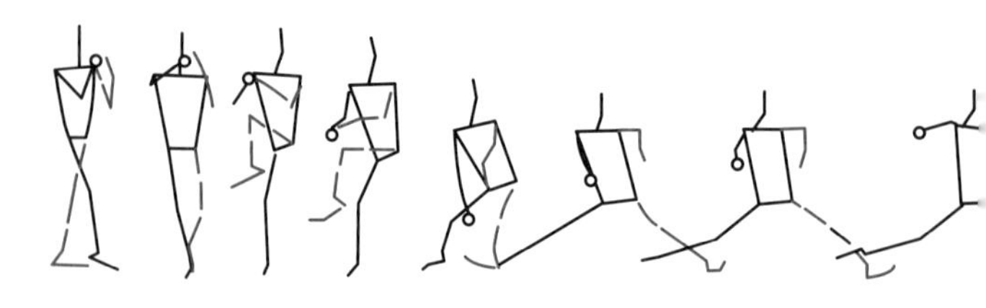

ステップ脚の膝が、つま先より先に出ない

大腿四頭筋を優位に使うとエネルギー伝達の順番が狂う

では、なぜ、大腿四頭筋を優位に使ってはいけないのでしょうか。それは投球が「下から上にエネルギーを伝えていく動作」だからです。必要以上に筋力を使ってしまうと、エネルギー伝達の順番がズレてしまうことになるからです。

特に大腿四頭筋を使うと、膝の曲げ伸ばしが強調された動作になって、ステップした脚が着地したときには体重移動が終わってしまう可能性が高いのです。

そうなると、下肢でつくられたエネルギーを上肢に伝える前に体重移動が終わってしまいます。すると、伝達されるエネルギーがほとんどなくなって、**上半身に力を入れる非効率的な投げ方**になってしまうのです。

下肢の使い方はわかりにくいところがあるかもしれません。陸上競技のやり投げのように助走がある場合は、走る勢いを使って投げることが必要ですが、ピッチャー・プレートに脚を載せたままで始まる野球のピッチングでは、「勢い」ではなく、いかにロスなく「伝える」かが重要なのです。

ステップ脚の股関節が上昇して上肢にエネルギーが伝わる

図24は、球速が速い投手と球速が遅い投手の「ステップした脚の動作」を「運動エネルギー」の観点から比較したものです。

球速が速い投手は膝が動かず、股関節のところが上昇しています。お尻が上がることで、下半身の力が上半身へ伝わることを示しています。

図 24　球速が速い投手と遅い投手の下半身動作の特徴

球速が速い投手

股関節伸筋群の作用

股関節

膝関節

関節の動き

力学的エネルギーの流れ

足関節

ステップ脚が着地した後に上昇していくことが大切である。これにより、「体重移動がしっかりと行えた」といえる。逆にここで腰が落ちてしまうと、下肢でつくられたエネルギーが伝えられなくなってしまう

一方、球速が遅い投手は股関節が沈んでしまっています。股関節が上昇する動きであればエネルギーが体幹へ伝わりますが、股関節が沈んでしまうとエネルギーが吸収されてしまいます。

図25は、上原浩治投手が投げている姿をスティック・ピクチャで示したものです。やはりステップ脚の股関節は上昇しています。

ステップ脚の股関節が上昇するという動作により、体幹が前方へ回転する――つまり体幹の縦の回転がしやすくなると考

球速が遅い投手

コッキング局面における上位者および下位者のストライド脚（島田、2000）

えられます。よってこの動作は、速いボールを投げるために必要な動作と言えるでしょう。

ステップ脚の股関節が上昇するとき、その動作に必要な筋肉を**図26**に示しました。まずは、股関節を伸ばす大臀筋、ハムストリングと言われる太ももの裏側の筋肉(大腿二頭筋、半腱様筋、半膜様筋)であったり、膝の動きを抑える中臀筋や梨状筋といった筋肉が使用されます。小臀筋は中臀筋とともに、股関節の外転(脚を横に開く動作)を行います。

スパイクを熊手のように使って「キック・バック」

もう少し、投手の感覚として考えてみましょう。

大谷翔平投手が2014年、時速160キロを超える投球をした

図 25　上原投手の投球フォーム

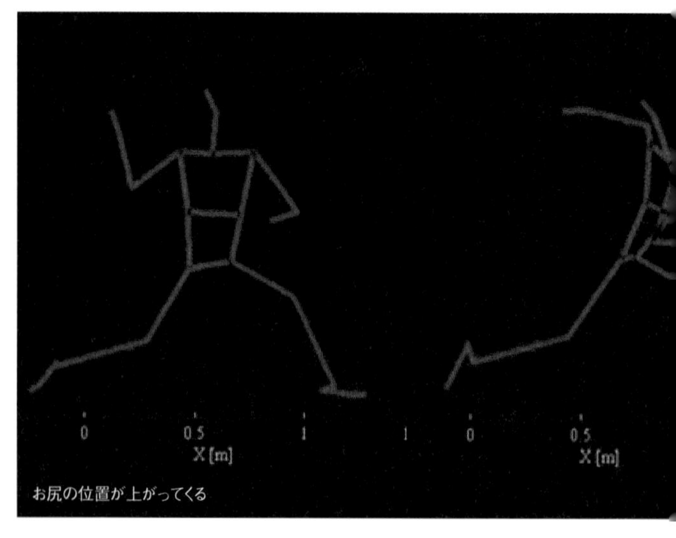

図 26　投球に必要な下肢の筋肉

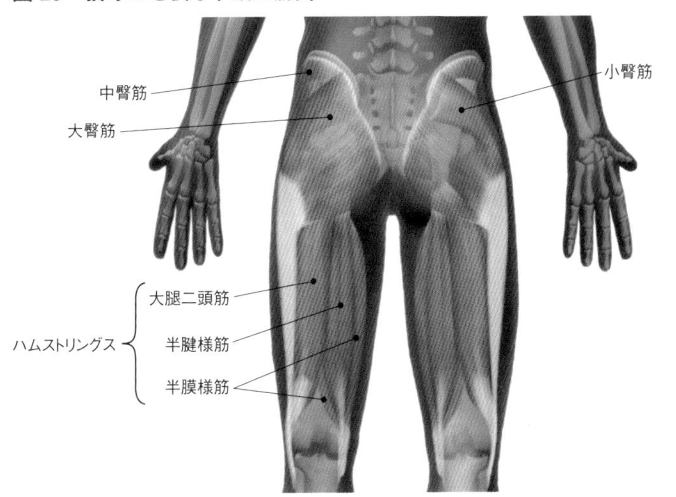

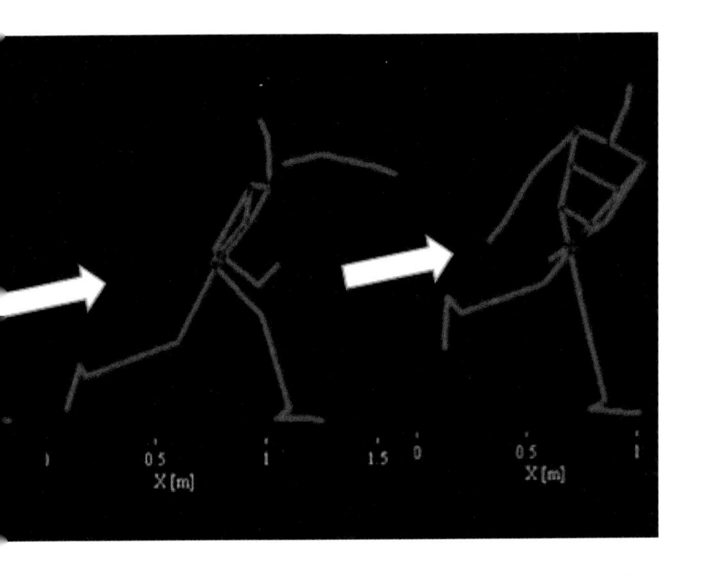

とき、踏み出したステップ脚が「ピョンと後ろに下がる」動作をしていました。**図27**はそのイメージです。

このキック・バックするような動作は、ステップ脚の大臀筋、ハムストリングが使われることを示しています。スパイクで土に踏み出した足を「熊手」のように引くことで大臀筋、ハムストリングが使われるのです。

このような感覚は、筑波大学大学院を修了した工藤公康さ

図 27　キック・バック

ステップ脚のスパイクでキック・バックするとき、大臀筋、ハムストリングが使われて股関節が上昇、上肢にエネルギーが伝わる。しかし、あまり強調されると上下のブレを生じさせるため、「よい動作」とは言えなくなる

ん（福岡ソフトバンクホークス監督）も、私が大学院の授業でこの話をしているとき、「同じ感覚を持っていた」とおっしゃっていました。余談ですが、このときの授業は今でも覚えています。福岡ソフトバンクホークス監督の工藤公康さん、横浜DeNAベイスターズのファーム監督仁志敏久さん、千葉ロッテマリーンズ投手コーチの吉井理人さんが教室に一堂に会するという、「豪華な光景」の中、授業をしていました。

肘の深刻なケガには要注意

ここまで「速いボールを投げるための技術と体力的要因」についてお話ししてきました。ただし、腕が高速に回転する運動にはケガがつきものです。

成人の投手が投げるときに肘の靭帯(じんたい)に瞬間的にかかる力は180kg重ぐらいです。肘の内側側副靭帯（**図28**）が切断される力は、屍体による実験だと約65kg重ぐらいだったことから、非常に大きな力がかかっていることがわかります。

特に思春期完了前の子どもたちは、骨や靭帯が未成熟なため、大人よりもケガをする確率がかなり高くなります。

特に肘のケガは深刻で、この肘の痛みに関する知識を親や少年野球の指導者はよく知っておかなければなりません。

たとえば、さまざまな研究で報告されていますが、現在ケガには至っていないものの、肘に何らかの異常がある小学生選手は約40％にもなると言われています。投手と捕手に限れば60％以上とも言われています。

この少年時のケガが問題なのは、未成熟な骨や靭帯が異常を持ったまま大人になると、変形したまま成長が完了してしまうことです。

図 28　肘関節と内側側副靭帯の位置

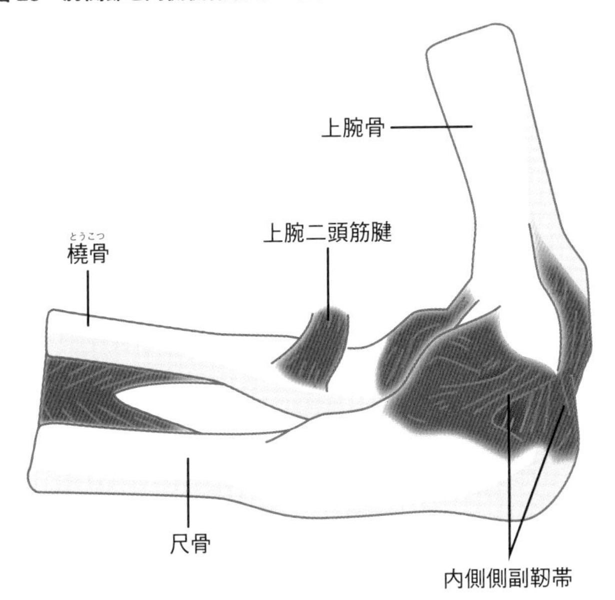

内側側副靭帯はさらに 3 つに分かれる。当然、外側側副靭帯もあり、これらが全体を覆う形で肘の動きを制御、保護している。しかし、肩などと違って筋肉が保護していないので、トレーニングで直接鍛えることができない

95%は高校生までに受傷している

骨に変形があると、成人になったときのパフォーマンスに多大な問題（悪影響）が出てしまいます。たとえば、「30球以上投げると途端に球速が落ちてしまう」「次回に全力投球するまでに、かなりの時間を要してしまう」などの問題です。

本学（筑波大学）の野球部学生の障害調査を行ったところ、大学生になって初めて肘に痛みを訴えた選手は、肘のケガ全体の5%で、**残りの95%は高校生までに受傷**しているのです。

大人と子どもの骨で何が異なるかと言えば、**図29**に示す「**骨端線**」の存在です。骨端線は「骨が伸びる場所」です。身長の伸びはこの骨端線から生じます。

この部位は軟部組織になっていて、もろさがあります。この部位に高速の負荷がかかる投球の運動が加わると、骨の変形や、そこにつく靭帯に異常を発生させる可能性があります。

図 29　子どもと大人の骨の違い

子ども（思春期完了前）

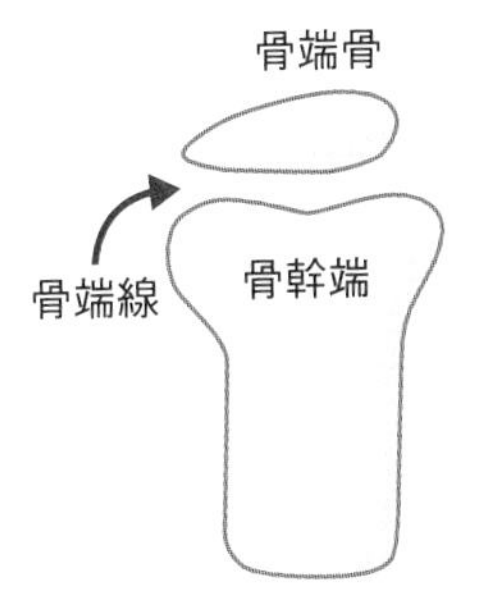

骨端線にある軟骨が
骨を伸ばしている

大人

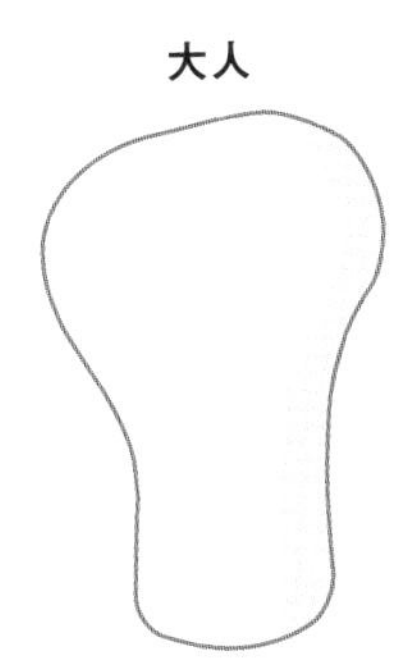

成熟した大人の骨では
骨端線は閉じている

骨端線：骨の中央部と端の間にある
成長する軟骨部分

若年層には好ましくない「トミー・ジョン手術」

最近はこうした肘の投球障害を**外科手術**で回復させる方法が進んでいます。特に「肘の内側側副靱帯の再建手術」は、最初に成功したメジャー・リーグの選手名を取って「**トミー・ジョン手術**」と呼ばれています(**図30**)。

トミー・ジョン手術は、自分の他の部位から靱帯を持ってきて移植し、再建する手術です。その昔は、手術後3分の1の選手に再手術が必要になるなどリスクのある手術でしたが、最近は手術の技術、リハビリの方法が確立されて、高い確率で復帰できるようになりました。

私が指導した学生の中にも、トミー・ジョン手術を受けて、以前と変わらぬ投球ができるようになった例もあります。

しかし、若年層の選手がこの手術を受けるのは、やはり好ましいことではありません。

この手術を受けると長いリハビリ期間が必要で、以前と変わらぬ投球練習ができるようになるまでに8カ月から1年ほど必要です。前と同じ感覚で投げられるようになるには、さらに半年から1年かかります。

こうしたブランクを若年層の選手に余儀なくさせることは、野球技術が向上する期間の短縮につながるため、避けなければなりません。

図30　トミー・ジョン手術（靱帯再建手術）のイメージ

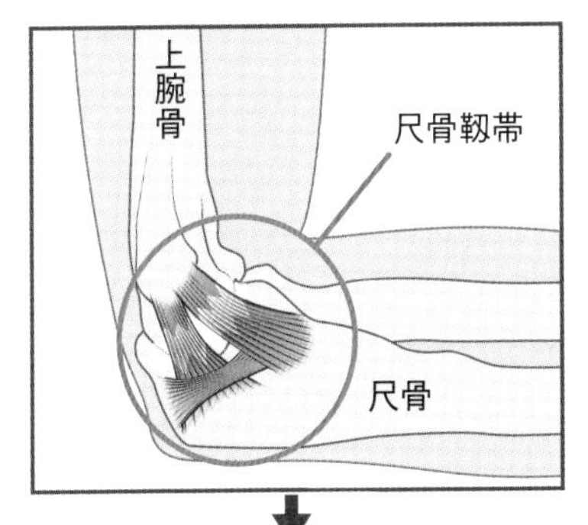

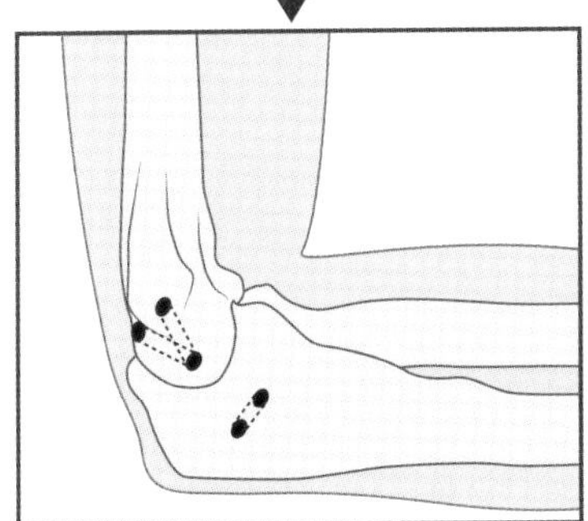

尺骨と上腕骨に、移植する靱帯を通すトンネルをつくる

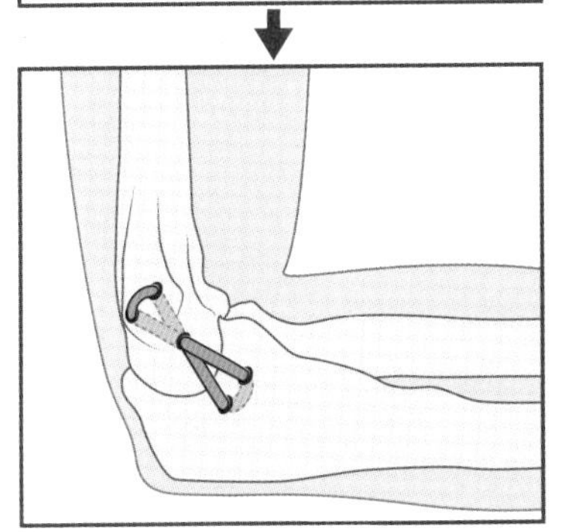

移植する靱帯を８の字に通す

トミー・ジョン手術をすれば永久に大丈夫だというのは誤解で、投げ続ければその効果は薄くなってくる。何度も手術する選手も多くいるが、投球メカニクスを改善して負担をかけないようにすることが不可欠である

オーバー・ユース（投げすぎ）による障害を予防するための「投球制限」

私が2019年に副座長を務めた日本高等学校野球連盟の「投手の障害予防に関する有識者会議」（座長＝中島隆信・慶応大商学部教授）では、「**高校野球の公式試合では、1人当たりの1週間の総投球数を500球以内とする**」という投球数制限を盛り込んだ答申をして、施行されています。

ただし、このときの結論となった「1週間500球以内」は、投球制限による障害予防の十分なエビデンスがあったわけではなく、「甲子園大会で無理なく投球するには」という現況の分析から算出されたにすぎません。私たちとしてはこれをもとに、今後データを蓄積して、さらによいものにしていきたいと考えています。

そのような中で、中学硬式野球の「**ポニーリーグ**」では、新たな投球の目安と投球制限の規則をつくり、実際に運用を始めています（**図31**）。

これまでも、中学硬式野球では投球制限の規則があったのですが、練習や練習試合などでの細かい規制はなく、実質的には「抜け道」がありました。

今回の新しい規則では、日本高等学校野球連盟主導で「**子どもたちを投球障害から絶対に守る**」という明確なメッセージが盛り込まれて、実際に運用しているところが特徴です。

これを発端に、投球制限の動きは学童野球や中学軟式にも見られます。これも、影響力がある日本高等学校野球連盟が投球制限を推進したことで、年齢が低いカテゴリーにおいても同様の動きが出てきたと考えられます。

まだまだ始まったばかりで問題も多いのですが、今後はこの「投球制限」がジュニア世代の野球では「当たり前」になることを願っています。

図 31　「ポニーリーグ」（中学硬式野球）で運用される投球制限

Tournament PITCH Limit（投球限度）	
中学1年生	1試合の投球数：60球　※変化球禁止
中学2年生	1試合の投球数：75球
中学3年生	1試合の投球数：85球

※同日の連投、及び投手捕手兼任は禁止。
※1日 50 球以上投球した場合、投手は休養日 1 日を設定。
※3連投は禁止。
※同一試合の再登板を 1 回だけ認める。
※上記ルールと PONY 投球イニング制限・中学生投手の投球制限に関する統一ガイドラインを併用する。

PITCH Scale（投球目安）	
中学1年生	1試合の投球数：60球、週間投球数：180球 ※変化球禁止
中学2年生	1試合の投球数：70球、週間投球数：210球 ※体の負荷となる変化球禁止
中学3年生	1試合の投球数：80球、週間投球数：240球

※投球数の定義：：バッター相手のマウンドからの投球（試合前の投球練習は週間投球数に含む)。8 割強度以上のスローイング。
※ 12月、1 月は極力投球を控える。特に肩・肘に既往歴のある選手は、投球数に入る投球を禁止。
※同日の連投、及び投手捕手兼任は禁止。
※ 1 日の投球数が 50 球を超えた場合、翌日は投球数に入る投球を禁止。
※3連投は禁止。

肘が肩よりも下がっている状態で投げてはいけない

肘の障害は前述したオーバー・ユースだけでなく、突発的に起こることもあります。何の障害もなかった選手の肘に突然発生することもあり得るのです。これは、バイオメカニクスの観点から見ると動作の不良、メカニクスの問題が第一に考えられます。

前述した通り、投球時に肘は肩の高さにまでは上がっていることが望ましいと言えます。肘が肩よりも下がっている状態で投球を行うと、肘が肩よりも上がっているときよりも、肘関節にかかる負担が大きくなることがわかっているからです。

肘が下がると「肩が外旋しない」「肩がしならない」という状態になるのですが、それでも無理に腕を加速させようとすると、肘の関節に大きな負荷がかかるのです(**図32**)。こうした場合は、ケガを防止できるようなメカニクスの改善が望まれます。

図 32　よくない投げ方の例

肘は「上がっていればいい」というわけではなく、肩甲骨の動きをともなって上腕骨が上がってくることが大切である

投げ方の改善で球速が速くなったときこそ要注意

また、注意したいのは、よい投げ方をしていてもケガは起こり得ることです。特に気をつけたいのが、メカニクスが向上した直後、つまりはパフォーマンスが向上した後すぐにケガをしてしまうケースです。

球が速くなればなるほど、当然、肩や肘の関節には負荷がかかります。メカニクスの向上で球が急に速くなった場合、その負荷に耐えられる筋力がない場合もケガをしやすいと考えられます。

球速が急に速くなったときは本人もうれしくて、オーバー・ユースになりがちです。そうしたときに体が耐えられず、ケガをしてしまうため、指導者のほうで球数などを適切に管理することが必要であり、全力投球の球数をコントロールする必要があります。

1つの結論としては、思春期までは自分の許容量以上の投球をしないことが大切です。つまり、7〜8割くらいの投球を心がけるということです。ステップを大きくせず、勢いで投げるのではなく、肘を上げて楽に投げることを覚えてほしいと思います。

無理な力で腕を振らないようにするためにも、体幹を固めたりする能力が非常に大切になります。体幹がエネルギーの発生源であるように投球することが重要ということです。

「逆W型投法」は肩・肘を痛める投げ方

速い球を投げるためには、肩関節の広い可動域が必要で、それを高速に動かすことが重要です。

この理想型の1つとして、「逆W型(Inveted W)」という投法がメジャー・リーグで流行しました。

その代表格は、ワシントン・ナショナルズのスティーブン・ストラスバーグ投手です。彼はアマチュア時代から時速160キロ台の投球で「30年に1度の逸材」と言われた投手ですが、この彼の投法が逆W型投法だったのです。

逆W型投法の特徴は、肘を上げるコッキング・アップの局面で、鳥が「羽ばたく」ように、**肩関節を内旋させながら肘を上げるところです**(**写真14**)。

逆W型投法の利点は、この「羽ばたく」形から肩の外旋を、つまりは「しなり」を一気につくり、腕を加速しやすいことです。

しかし、ストラスバーグ投手は、入団した2010年のシーズン途中で、前述した「トミー・ジョン手術」を余儀なくされました。2014年に投法を変更し、現在は見事に復活していますが、逆W型投法を行っていた投手が、次々に肩や肘を痛めてしまったことから、現在はアメリカにおいても**逆W型投法を指導しないようになっています**。

逆W型投法の問題点は、鳥の羽ばたきのような腕の動きから一気に「しなり」をつくることです。他の関節と比べてもともとゆるい肩関節が、この動きを繰り返すと、肩関節の中で骨が衝突して、すれてしまい、痛めてしまう可能性が高いのです。

さらに、一瞬でしなりをつくると、肘の位置が低い位置でしなってしまうことが多いため、肘の関節にも多大な負荷がかかってしまいます。

このように、逆W型投法はパフォーマンスとひきかえに、体に負担がかかることが多い投球メカニクスを持つことが問題です。球速ばかりを追い求めるのではなく、長く野球が続けられる投法や体づくりが重要と言えます。

写真14　スティーブン・ストラスバーグ投手は、メジャー・リーグでも「30年に1人の逸材」といわれて鳴り物入りで入団した。よい年とそうでない年との差が大きく、度重なるケガに悩まされているが、このフォームは2014年に改善されている　　写真 EPA= 時事

大きく分けて4種類ある投げ方

一般的に投げ方は4種類あるとされています（図33）。

①オーバー・ハンド・スロー
②サイド・ハンド・スロー
③スリークォーター・ハンド・スロー
（オーバー・ハンド・スローとサイド・ハンド・スローの中間）
④アンダー・ハンド・スロー

投手で一番多い投げ方はスリークォーター・ハンド・スローであり、日本でもメジャー・リーグでも多い投げ方と言えます。

1つ、よく誤解されていることがあります。

腕の出方が違うからといって、「投げ方がまったく違う」ということではないということです。

図33のように、どの投げ方も肘が一度肩よりも上がっていることは変わりありません。どの投げ方も、実は体幹の角度を変えているだけで、投げる基本は変わらないのが普通です。

2種類あると言われるアンダー・ハンド・スロー

唯一、アンダー・ハンド・スローだけは「2種類ある」と言われています。

1. 体幹だけを深く倒して投げる方法
山田久志投手（阪急ブレーブス、**写真15**）

図 33　投げ方の種類

実際はこの区別は難しい。オーバー・ハンド・スローとスリークォーター・ハンド・スローは、原則として最後のリリースにかけて腕を縦に振る投手とそうでない投手で分かれるはずだが、実際はさまざまなパターンがあるので区別しにくい

写真 15　リリースの瞬間、手が撓屈（とうくつ）している（内側に傾ける）選手が「手首が立っている」と言われるアンダー・ハンド・スローになる。これにより、前腕の回内外、肩関節の内旋が使えて、アンダー・ハンドながら球速を出せる。写真は阪急ブレーブスの山田久志投手

写真：時事

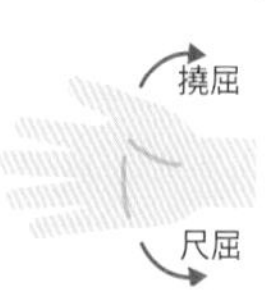

写真 16　逆にリリースの瞬間に手が尺屈（しゃっくつ）しているのが「手首を寝かせる」アンダー・スロー。このタイプはプロ野球では少なくなった。この投げ方ではトップスピンがかかり、ホームベース付近でやや沈むことから、打者がゴロを打たされてしまうことが多かった。写真は千葉ロッテマリーンズの渡辺俊介投手
写真：時事

2.腕を肩よりも下げた状態で投げる方法

渡辺俊介投手（千葉ロッテマリーンズ、**写真16**）
牧田和久投手（東北楽天ゴールデンイーグルス）
足立光宏投手（阪急ブレーブス）

野球の現場では1を「手首を立てる」投げ方、2を「手首を下げる（手首が寝ている）」投げ方と言うこともあります。

1は基本的にスリークォーター・ハンド・スローなどと同じ投げ方になるので、スピードが出やすく、打者からは下から浮き上がるように見えて打ちにくいという特徴があります。

2は腕が下から上に行く半面、リリースは上からかぶせるようになるため、打者の手元でややシュートしながら落ちることが多く、ゴロで打ち取りやすいなどのメリットがあります。

指導者がオーバー・ハンド・スローだった投手をサイド・ハンド・スローに、あるいは逆に替えるアドバイスをするときに見ているのは、腰の回転と腕の回転の一致度です。

前述したように、腰の回転は「両股関節を結んだ線が軸」となる縦の回転と、「頭のてっぺんから地面に向けて引く線が軸」となる横の回転からなり、その組み合わせによって投球が行われます。

この腰の回転は、人によって「横の回転が得意な人」と「縦の回転が得意な人」に分かれるようです。その投手の腰の回転が腕の回転と合っていればいいのですが、それが異なると腰の回転によって腕が導かれないので、腕を無理に振ることになります。そうした選手に対しては、腰の回転に合わせるようアドバイスすることがあります。

アンダー・ハンド・スローの投手が「絶滅危惧種」になった理由

昭和の時代には山田久志投手（阪急ブレーブス）など、平成の時代でも渡辺俊介投手（千葉ロッテマリーンズ）など、かつてはアンダー・ハンド・スローの大投手が存在していました。

しかし、最近ではめったに見ることがなくなってしまいました。なぜ、アンダー・ハンド・スローの投手は「絶滅危惧種」になってしまったのでしょうか？　その理由を客観的なデータで知るのは難しいのですが、さまざまな視点から考えてみましょう。

①遅い球が多く、緩急もつけにくい

まず、打者の技術が向上し、**遅い球が中心**のアンダー・ハンド・スロー投手は「打者を打ち取りにくくなった」ことが挙げられます。遅い球はどうしても「当てられる」可能性が高くなります。当てられる可能性が高いのであれば、ヒットになる確率も高くなる、ということで、アンダー・ハンド・スローの活躍の場が少なくなりました。

また、現代の投球術は緩急が多く使われます。その代表格は菅野智之投手（読売ジャイアンツ）で、カーブとストレートの差は時速50キロほどあります（**写真17**）。しかし、**アンダー・ハンド・スローの投手は、球速差をそれほどつけられません。**これもアンダー・ハンド・スローが不利になった原因と言えるでしょう。

②肉体的な負担が大きい

投手の側から見ると、アンダー・ハンド・スローは非常に体

写真 17　現在、日本を代表する投手の 1 人である菅野智之投手は、球速はもちろんのこと変化球も素晴らしく、さらに制球力が抜群である。大学生のころから見ている者としてずっと応援している
写真：時事

の負担が大きい投げ方と言えます。股関節や膝を深く曲げ、重心を落とした状態で腰や肩を回すのは、非常に難しい動きです。

投球をエネルギーの伝達で見ると、オーバー・ハンド・スローやスリークォーター・ハンド・スローは、下半身や体幹で生まれたエネルギーを効率よくボールに伝えることができます。

しかし、アンダー・ハンド・スローの分析をしたところ、体幹から腕へのエネルギーの流入が少なく、いわば究極の「手投げ」であることが分かったのです（島田、2004）。「手投げ」ということは**手にかかる負担も大きい**ということです。これがアンダー・ハンド・スローの投手が、なかなか育たなくなった大きな要因と言えます。

③マウンドが固くなり投げにくくなった

さらに別の要因としてマウンドの変化があります。昭和の時代、球場は全面が「土」であることが多く、マウンドも砂と土の混合土が使われていました。この砂が入ったマウンドは、俗に言う「柔らかいマウンド」であり、踏み出した足のところがズレやすくなります。

脚を深く曲げる投法のアンダー・ハンド・スローでは、この足のズレは重要です。

試しに、立位姿勢から膝を深く曲げるようにしゃがんでみてください。このとき足の裏が動かないとしゃがみにくいと思います。このように、**深く脚を曲げる必要のあるアンダー・ハンド・スローは現代の固いマウンドに合わない**と言えます。

このような理由から、アンダー・ハンド・スローの投手は「絶滅危惧種」と呼ばれるようになってしまいました。とはいえ、「少ない」ということは、打者にとっては「慣れていない」ため、逆に有効とも言えます。今後、上記の点を克服したアンダー・ハンド・スローの投手が現れることを期待したいところです。

スポーツ現場での バイオメカニクスデータの活用

私たちバイオメカニクスの研究を行う者は、現場で研究結果を活用してもらうために、さまざまなアプローチをしています（**写真18**）。

一般的に「変位」「速度」「加速度」、そして関節などの「角変位」「角速度」「角加速度」などのデータは、**キネマティクス**と言います。私たちは数多くの投手、打者のデータを集めて、まずはそのデータの**平均値**を求めます。

平均値はそのグループの**代表値**になります。

具体的には、時速140キロの投手の肩関節最大外旋角度は約180°、時速150キロの投手は約195°です。これを**他の投手を評価する1つの目安**として扱います。

たとえば、投球スピードは時速120キロしか出ていないけれど、肩関節最大外旋角度は180°以上ある投手がいたとすると、「将来的には時速140キロを投げる能力がある」と評価できるかもしれません。また、「何か原因があって時速140キロを出せないのかもしれない」と、球速が出ない要因を探ることもできます。

また、時速140キロの球速が出ていても、肩関節最大外旋角度が180°以下の場合もあります。そうなると、「どこか別の部位が優れているので、時速140キロの球速を出せているのかもしれない」と推測することもできます。

このように、平均値は「とりあえず」の評価に使います。それを「絶対」とせずに、考える「きっかけ」として活用するのです。

また、バイオメカニクスのデータは、力のデータなど**キネティクス**と言われる値も算出します。ここで問題なのは、自分が出している力と、重力やその他の要因で出てしまっている力があることです。そして、後者のほうがはるかに大きいケースが多いことも注意しなくてはなりません。

たとえば「力感」と言われる「自分が力を出している感覚」がありますが、これが非常に危険なのは、筋力を自分で意識しながら力を出そうとすると、体の他のところも緊張してしまい、動きのスムーズさを阻害してしまうことが多いからです。

私たちが指導していて難しいのは「力を抜きなさい」という指示です。「力を抜く」とはいえ、まったく力を入れないわけではありません。一瞬で行うような野球の動作においては、力の入れ加減、タイミングに関して、データを参考にしながら、その選手に合うようにしっかり「かみ砕く」ことが重要です。バイオメカニクスのデータを指導に活用するときは、人の感覚とのすり合わせが必要なのです。

写真 18　バイオメカニクスの見地でスポーツを解析するようになってから久しいが、これらのデータを指導現場で活用するようになったのはここ 10 年ほどである。機器が改良されて、さまざまな人がデータを取れるようになったことが大きい。上はスイングの測定。スイング速度、打球速度はもちろん、スイング軌道も計測している。右は投球の質を評価している。実際のピッチング練習の中で、球速はもちろん、回転速度、回転効率、球のホップ・ドロップ量、シュート・スライド量などを投球ごとにフィードバックしている

なぜ日本人投手はメジャー・リーグで肘を壊すのか？

これまで多くの日本人投手が海を渡り、メジャー・リーグのマウンドに上がりましたが、確かに多くの投手が肘を痛める経験をしています。大谷翔平投手もそうですが、過去には藤川球児投手（カブス、レンジャーズ）や和田 毅投手（カブス）は、当番の機会が少ない状況で肘を痛め、手術をしていました。

こうした背景にはさまざまな要因が考えられますが、アメリカのメジャー・リーグと日本の多くの野球場の違いから考えられるのは、まず大きなものとして「マウンドの違い」が挙げられます。

数年前まで、日本の多くの野球場のマウンドとメジャー・リーグのマウンドでは固さが違ったのです。メジャー・リーグの球場はほとんどが天然芝で、フラットな内野です。このため、マウンドを盛り上げるために、外からマウンド用の土を持ってきて山をつくります（**写真19**）。これにより、土質も固めやすい粘土質のものが好まれます。特に最近のマウンドは、ステップ位置にブロック状の固い粘土を敷き詰め、踏み込んだ足がズレず、埋まらずといった特徴が見られます。

一方、日本の多くの野球場の場合、内野が土であることが多く、マウンドをつくるときも、その土を周りから集めるように盛り上げていきます。そのため内野の土とマウンドの土の質が変わらず、砂混じりの土が多く含まれています。

このマウンドの特徴は、踏み込んだときに脚がズレて、埋まっていくようになるということです。よく投手が登板したときに、マウンドをスパイクで掘っていることがありますが、これはステップした脚がなるべくズレないように、より固いところを掘り出しているのです。

写真 19　日本と違い、アメリカのマウンドは芝生の中に盛土がしてある。そのためマウンドの材質が内野と異なる。これに対して、日本では周りの土を集めてきてマウンドをつくっているため、内野と同じ材質の土になる
写真：時事

マウンドが異なると投げ方も変わる

このようなメジャー・リーグと日本の多くの野球場のマウンドの違いがもたらすのは、投げ方の違いです。

日本の多くの野球場にある**柔らかいマウンド**で投げる場合、踏み出した脚を柔らかい地面でも安定させるため、接地直後に膝を柔軟に使います。具体的には、膝をより屈曲させることで、「探る」ようにして安定させるのです。そのため、全体的に重心が下がる投げ方になります。

一方、メジャー・リーグの**固いマウンド**で投げる場合、ステップ脚が接地すると、すぐに固定されてしまいます。そのため、投球方向に勢いがついている体が急激にストップして、つまずいたようになってしまいます。これにより、そのまま膝を伸展させるような体の使い方をします。膝が伸展方向に使われるため、重心は高いままに見えます。

日本人投手がメジャー・リーグの固いマウンドで投げると？

これらを考慮して、日本の多くの野球場のマウンドに慣れた投手がメジャー・リーグのマウンドで投げるとどうなるでしょうか？

メジャー・リーグのマウンドでは、日本の多くの野球場のマウンドのように、ステップ脚が接地した後も膝を屈曲させる動作ができなくなりますので、投手は「重心を移動しにくい」と感じるでしょう。そのため、上体をよりかぶせるようにして補おうとすると考えられます。つまり、日本の多くの野球場のマウンドで投げるときよりも**上体を使って腕を振ろう**としますので、どうしても上体と腕に頼った投げ方になると予想できます。そのため、腕への負担が過度にかかり、肘を痛める傾向があるのだと思います。

私たちが行った実験では、固いマウンドに慣れてくると、被験者である投手13名の球速の平均が時速3.4キロ向上しました(**図34**)。13人中11人で球速の向上が見られたのです。

体の動きを見ると、体幹が前に倒れていく速度、すなわち**体幹前方回旋速度**は、固いマウンドのほうが大きくなる傾向がありました(**図35**)。これは**図36**のように足がズレずに固定されることで、体幹前方回旋速度が大きくなり、その分、投球する腕が残ります。これにより、いわゆる「腕のしなり」が大きくなることで、球速が速くなるのではないかと考えられます。

そのため、固いマウンドは球速の向上には適していると言え

図 34　マウンドの違いによる球速

	球速
メジャーの固いマウンド	132.6km/h
日本のマウンド	129.2km/h

図 35　体幹前方回旋速度

	体幹前方回旋速度（deg/s）
メジャーの固いマウンド	418.1±85.3*
日本のマウンド	373.6±68.6*

（*$p < 0.05$）

（川村、2019）

ますが、固いマウンドにうまくアジャスト（適応）できないと、腕への負担が大きくなって肘を痛めてしまう可能性があります。ただし、この点はさらなる研究が必要です。

他にも「ボールの影響」や「投球頻度の影響」などが考えられますが、マウンドが固くなることで増える体の負担は非常に大きいと予想できます。なぜなら、メジャー・リーグで勝負する日本人選手には股関節を痛める例も多く見られ、下肢への負担も大きいからです。

ただ、最近では、日本のプロ野球が使う球場でもマウンドが

図36　クレイマウンド（固いマウンド）による投球速度向上のメカニズム

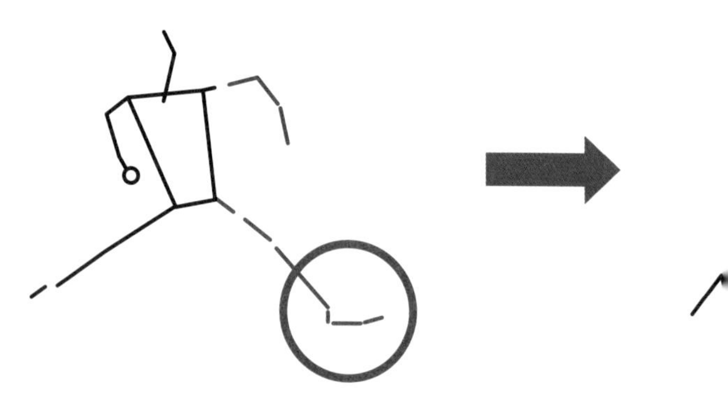

1　脚がズレずに固定される

ステップした脚に反力がダイレクトで伝わる。この反力を、体幹を打者方向に倒すタイミングと一致させれば投球に必要な力を得やすい。逆にこのタイミングがズレると投球が乱れやすい

固くなっています。しかし、だからといって問題が解決されるわけではありません。なぜなら、アマチュアが使う球場では、ほとんどが柔らかい土の内野であり、その柔らかい土を盛ったマウンドのままだからです。つまり、**ジュニアの期間とプロに入ってからのマウンドが異なってしまう**わけです。これにより、投球メカニクスを変えなくてはなりません。この現状が投手を育成するときの問題点です。私は、プロ野球の球場とアマチュアが使う球場のマウンドを同じものにすることを提言したいと思います。

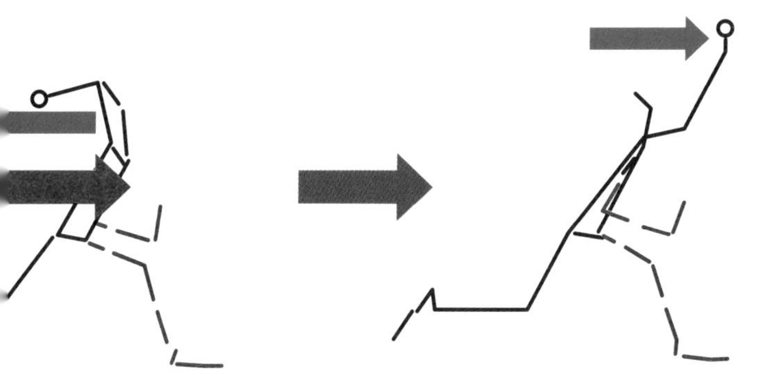

2　体幹の前方回旋速度が大きくなり、その分投球する腕が残り、しなりが大きくなる

3　投球する腕の加速局面が大きくなり、大きなエネルギーをボールに与えられる

「変化球」はなぜ曲がるのか？

「変化球はなぜ曲がるのか？」。それは、物体が空気中を高回転しながら高速で進むときに生じる「マグヌス効果」という空気抵抗の力によるものです。

図37のように、ボールが空気中を矢印の方向に進むときに、回転が生じている状況があるとします。これは、投手が速球を投げたとき、バック・スピンがきれいにかかっている状態とします。

このときボールの上方では、「ボールが進む方向と逆の空気の流れ」と「ボールが回転している方向」が同じです。そのため、「空気が流れやすい」状態と言えます。空気が流れやすいということは空気がとどまることがないということなので、気圧が低い状態にあると言えます。

一方、ボールの下方では、「ボールが進む方向と逆の空気の流れ」と「ボールが回転している方向」が逆になり、空気がここでとどまっているという状況です。これは気圧が高い状態にあると言えます。

空気には、気圧が高いところから、気圧が低いところに流れようとする性質がありますので、ここでボールの下から上への力（赤い矢印）が生じます。これを「揚力」と言います。

バック・スピンがかかったボールには揚力が働く

ボールを回転させることにより、こうした空気の力を生じさせることができるのが、マグヌス効果なのです。この例では、マグヌス効果により、ボールが上へ引っ張られる力（揚力）を生むのです。

投球されたボールは、バック・スピンがかかった状況でも、重力の影響で下に落ちていきます。しかし、まったく無回転のボールと比較すれば、バック・スピンがかかったボールは無回転のボールよりもかなり上の軌道を通過することになります。プロが投げたバック・スピンがきれいにかかったボールは、無回転のボールの軌道よりも50cmほど上を通過します。バック・スピンがかかった速球は**落ちにくい変化球**と言えるでしょう。

カーブ、スライダー、シュートといった回転させる変化球は、このマグヌス効果の影響を受けています。次項以降もこのマグヌス効果に関する話題が登場しますので、ぜひこの言葉をキーワードとして覚えてください。

図 37　マグヌス効果

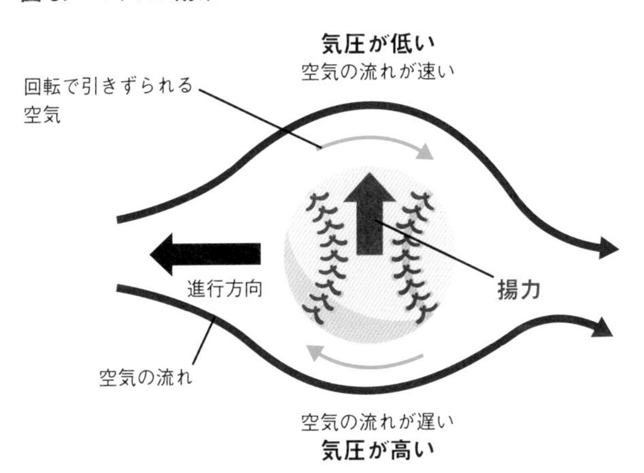

マグヌス効果を可能にしているのは「ベルヌーイの定理」である。簡単に説明すると、「流体の速度が増加すると、圧力が下がる」ことを示している。この図の場合は、空気の流れが速くなって気圧が下がった上方に浮き上がる力（揚力）が働く

「変化球」を科学的に解説する

変化球は大きく2種類に分けられます。ある軸回転を行うことで変化をともなう**回転系**と、回転はかからないけれども重力の影響で軌道が落ちていく**無回転系**です。

なお、各球種の球質についての数値（回転速度、回転軸、球速効率）を知っておくといいでしょう（**図38**）。特に**球速効率**は、**「ストレートの球速を100％としたとき、それに対するそれぞれの変化球の球速の割合」**というわかりやすい指標です。

回転系

カーブ

回転系の**カーブ**は「最も基本的な変化球」と言われています。なぜかと言えば、**直球と対をなす球種**であるからです。

直球はバック・スピンであり、前述した**揚力**の影響からホップする力が生じます。一方、カーブはトップ・スピンであり、高いところから加速度的に落ちていくように見えます。

さらに、直球の軌道はまっすぐなのに対し、カーブの軌道は斜めに曲がっていきます。回転軸が直球とは反対になり、さらに投手（右投げの場合）から見て、左上に上がる回転をしているのが特徴です。

回転速度は高く、**毎分2,500～2,600回転**になります。球速効率は**80％程度**で、ストレートとの緩急があると効果的です。最近はパワー・カーブと呼ばれるものもあり、この場合は85％くらいになります。

図 38　球質の基準

球種	回転速度（毎分）	回転軸（右投手）	球速効率（%）
ストレート	2,200 ～ 2,300	5°～ 30°	100
カーブ	2,500 ～ 2,600	180°～ 210°	80 ～ 85
ツーシーム	2,150 ～ 2,200	30°～ 35°	95
スライダー	2,400 ～ 2,500	70°～ 80°	90
カットボール	2,400 ～ 2,500	－5°～ 0°	95
シュート	2,200 ～ 2,300	30°～ 40°	90
チェンジアップ	1,700 ～ 1,800	20°～ 30°	80 ～ 90
シンカー	1,500 ～ 2,000	80°～ 90°	80 ～ 85
フォーク	800 ～ 1,000	5°～ 30°	85 ～ 90
スプリット	1,400 ～ 1,500	5°～ 30°	92 ～ 95
ナックルボール	30 ～ 60	不規則	70

この表の内容は、球質を測定するラプソード社のデータからプロレベルを想定して書かれたものである。もちろん、「回転速度が高いほうがよい」といえるのだが、平均よりも低ければ、それも武器になることを知っておいてほしい

図 39　回転軸の定義

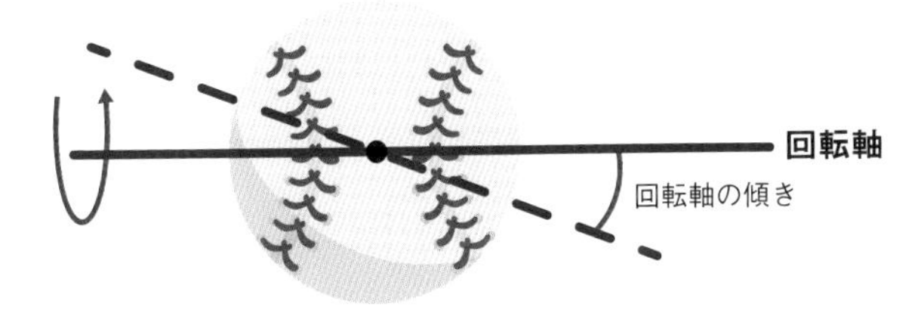

投手から見た図

スライダー

次にスライダーです。右投手であれば、ストレートの握りをやや右にずらした握り方です。そこから腕の振りの角度を、空手チョップのように水平に切っていきます。

スライダーは回転軸が直角に近くなります。しかし、回転軸は投手によって変わり、バック・スピンの成分が混じる場合とドロップの成分が混じる場合があります。ここでいうドロップの成分とは、**揚力が地面方向にかかるときに落ちる大きさ**を示したものです。揚力が地面方向にかかるには、回転がバック・スピンとは逆のトップ・スピンであることが必要です。このトップ・スピンの回転速度が大きいとドロップの成分が大きくなります。

また、**落ちるスライダー**は、投手から見て時計回りの回転をしたジャイロ成分（進行方向への傾き）が大きくなると空気抵抗が減少し、重力の影響で落ちていきます。**縦スライダー**と呼ばれるものです。

回転速度は毎分2,400～2,500回転、球速効率は90％程度が効果的です。

シュート

シュートは、昔だと平松政次投手（大洋ホエールズ）や西本聖投手（読売ジャイアンツ、中日ドラゴンズ）が有名ですが、最近は**ツーシームとの区別がつきづらく**なってきました。スライダーとは完全に逆回転ですが、スライダーほどの回転速度はありません。

最近は、金子千尋（ちひろ）投手（北海道日本ハムファイターズ）や山崎康晃投手（横浜DeNAベイスターズ）など、**シュートしながら**

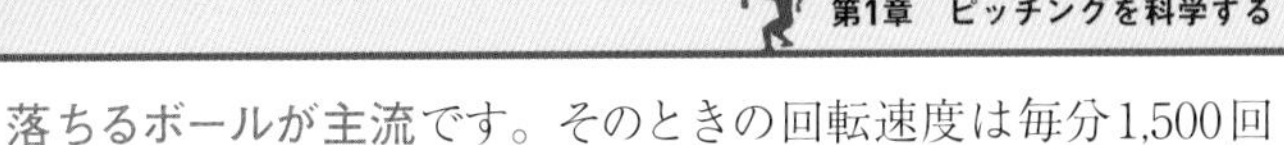

落ちるボールが主流です。そのときの回転速度は毎分1,500回転ほどで、ジャイロ成分が多いのが特徴です。

チェンジアップ

チェンジアップは、「チェンジ・オブ・ペース」とも言って、腕の振りはストレートなのに、ボールの球速が遅くなって打者を幻惑する投球です。

握りは「OKボール」と言って、人差し指と親指で円をつくるようにし、中指、薬指、小指で握るようにします。指にボールをかけるのではなく、指の腹で投げていくようにします。投げるときは人差し指と親指でつくった円を下向きにして、地面をたたくように投げていきます。

回転は落ちるボールにするかどうかで変わりますが、1,500回転以上はかかるようにします。

カットボール

カットボールは、基本的にスライダーと同じ握りですが、ストレートとスライダーの中間くらいの握りになることもあります。カットボールには、スライダーよりも球が速く、曲がりが小さいことが求められます。

カットボールの効果を一番高くするには、途中まではストレートと同じ軌道であることが大切です。そのためには、球速効率も回転軸も直球に近くなりますが、わずかに軸に角度がつくだけで打者には曲がったように感じられますので、「曲がればいい」というボールではないことを投手は気をつけるべきです。

回転速度は毎分2,400～2,500回転、球速効率は95%程度と、ストレートに近いものが有効で、さらにジャイロ成分も大きくなることが多いです。

ツーシーム

ツーシームは本来、投げ方はストレートと同じですが、握りだけを変えてボールを動かすことを目的とするものです。そのため、回転軸はストレートと同じです。

縫い目の影響で「回転速度が低くなる」と言われてきましたが、近年の研究で、「ツーシームの空気抵抗は、フォーシーム（ストレート）とほとんど変わらない」という結果が、ユタ州立大学のバートン・スミス（Barton Smith）氏らの流体測定によって明らかになりました。この実験では、ツーシームとフォーシーム（ストレート）の差は、回転軸の傾きによるものが大きいことが示されました。

ツーシームの習得が難しいのは、シュート成分が多くなると、コントロールが難しくなるからです。基本的にストレートにもシュート成分があります。そのため、ツーシームを投げるときは、胸郭をよく回転させて、より前方でリリースする意識が大切です。球速効率は95％くらいです。

無回転系

フォーク、スプリット

フォークとスプリットは無回転系の代表格です。フォークの回転速度は毎分1,000回転以下になります。この回転数だと重力の影響を受けやすく、大きく落ちて見えます。球速効率も85～90％くらいになります。ご存じの方も多いでしょうが、人差し指と中指で挟むように握ります。

一方、スプリットは昔、SFF（スプリット・フィンガード・

ファストボール）と呼ばれました。「ファストボール」とあるように球速は速く、球速効率も92～95％あります。1980年代に、メジャー・リーグでマイク・スコットという投手がこのSFFを駆使して活躍したのを機に、日本でも投げられるようになりました。スプリットの回転速度は毎分1,500回転くらいです。

フォークもスプリットも、**回転軸はほぼフォーシーム（ストレート）と同じ**です。回転速度は、フォーク→スプリット→フォーシームという順番に速くなります。

スプリットの中には、投げるときに挟んだ指の掛け方をズラすことで**ジャイロ成分を多くするようにして投げる方法**があります。

シンカー

シンカーは、昔で言えば、潮崎哲也投手（西武ライオンズ）、高津臣吾投手（東京ヤクルト・スワローズ、現監督）などサイドスローの投手や、ややスリークォーターの左投手が得意としてきました。

シンカーは中指と薬指から抜くように投げるのですが、横の投法の投手が投げることによって、純粋なサイドスピンがかかり、落ちるように見えます。**軸の鉛直上にまっすぐなサイドスピンがかかると、シュートしながら落ちていきます**。これは揚力が真横にかかることで、重力の影響を受けやすくなり、落ちていくように見えるのです。

重力で落とすため球速はやや遅く、球速効率は80～85％ほどになります。

⚾ ナックルボール

ナックルボールは、打者にとってやっかいな球種です。なぜなら、ボールが揺れて見えて、どっちに曲がるかわからないからです。どっちに曲がるかわからないと、実は投げる投手も受ける捕手もやっかいで、コントロールするのが大変なボールと言えます。

ナックルボールは、主に人差し指と中指の爪をボールに立てるように握り、投げるときにその指を押し出します。すると、ほとんど回転しないボールになります。ナックルボールの回転速度は毎分30〜60回転で、投げてからホーム・ベースに到達するまで4分の1回転から半回転しかしません。

あまり回転しないボールがまっすぐ進むと、ボールの後ろに乱流と呼ばれるものができます。乱流は、川などに杭が刺さっていると、その後ろに行き場を失った水が渦をつくる様子で確認できます。この乱流がボールの抵抗となり変化を与えます。

しかも、ゆっくりと縫い目の位置が変わるので、その縫い目の位置で抵抗のかかり方が変化して、ボールが揺れて見えたり、思わぬ方向に曲がったりするのです。**ナックルボールは誰にとっても予測不能の変化球**で「魔球」と呼ばれるゆえんです(**図40**)。

球速は時速100キロ程度(球速効率70%)で、**投球の9割をナックルボールで勝負する投手**がメジャー・リーグにはいます。

なお、言い訳なのですが、球種は似たようなものだと区別がつきにくいものがあります。これは結局、変化球の区別は投手自身がするからです。投手が「スライダー」と言ったら「スライダー」になりますし、「カーブ」と言ったら「カーブ」になるのです。ですので、「あの投手の、あの回転は、カットボールじゃないの？」と言ってもそうはならないことがあります。悪しからずご了承ください。

図40　ナックルボールの原理（空気抵抗）

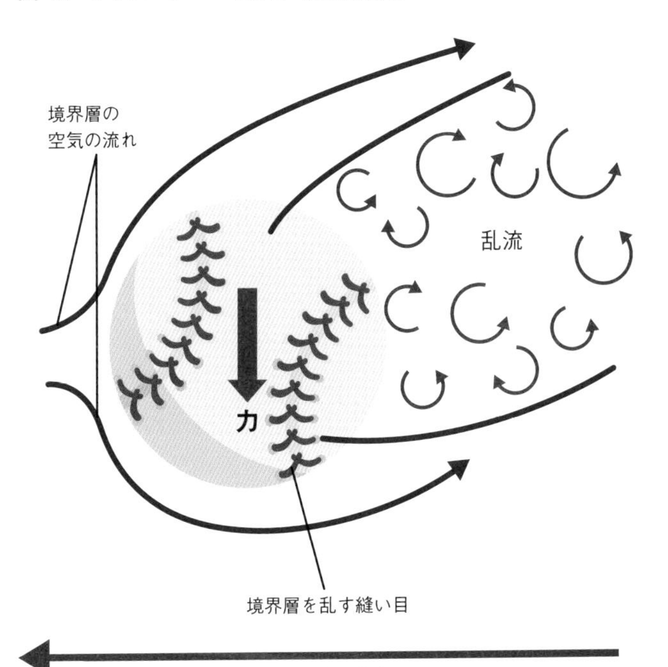

ナックルボールを真横から見たイメージ。ボールの後ろに乱流が発生し、空気抵抗となってボールが下に落ちる。縫い目が境界層を乱して不規則に変化する。ナックルボールが難しいのは「本人もどちらに曲がるかわからない」ことである。最近は速いナックルボールを投げる投手がメジャー・リーグにいるが、元来は時速100キロほどで変化を大きくしていた

「2段モーション」は有効なのか？

2段モーションとは、普通、ピッチャーは足を上げてそのまま体重移動を始めるのに、足を2回上げるモーションのことです。代表的なのは横浜DeNAベイスターズの三浦大輔投手（現監督）です。三浦投手はワインドアップから一度足を上げて、下したと思ったら、もう一度上げていました（**写真20**）。

よく、「打者を幻惑するため」という方がいますが、そのような投手はまれです。なぜこのような投球フォームになるかというと、投手が一度足を上げたとき、しっかりと軸足に体重が乗らない感覚がある場合、もう一度上げることでしっかりと体重を乗せようとすることが多いようです。

投手が足を上げるとき、しっかりと軸足に体重を乗せないと、ステップするときに体が突っ込んでしまいます。そうすると、下半身と上半身が一緒に投球方向に出てしまうため、「下半身→上半身→腕→ボール」といった運動の連鎖ができなくなってしまうのです。

私も運営委員を務める「野球科学研究会」に、全日本野球協会からの委託事業の1つとして、「2段モーションの有効性について」の研究依頼があり、有志による検討が行われました。

その際の野球科学研究会の回答として、投手側から見て以下のように報告しています。

『投球動作全般をまとめると、ノーマル条件（2段モーションでない投球）と2段モーションとの違いは、ステップ長で2段モーションの方が身長の1％（約1.8cm）短かったのみで、それ以外

写真 20　2 段モーションは「打者を惑わす」というよりも、投手が軸足にしっかりと乗るために行うことが多いと思われる。投手が脚を挙上する際、軸足にしっかりと乗りつつ、打者方向へ並進させていくには、プレートを足で捉える感覚が重要である。写真は横浜 DeNA ベイスターズの三浦大輔投手（現監督）
写真：時事

の項目に差は見られなかった。ノーマル条件と静止条件で投球条件の主効果が見られたケースは幾つかあった。バランスポジションでは静止条件において腰や体幹の捻転がやや少なく（約7°）、身体重心が軸足の真上に近い姿勢（ノーマル条件8.8cm、静止条件4.9cm）で、片足立位姿勢を保っていた。そして、着地時のステップ長は若干短め（約1.5cm）であった。また、肩関節最大外旋位において、ノーマル条件に比べて、静止条件の方が、平均で約1°だけ外旋角が小さかった。体幹の回転速度や腕の振りの速度を含む他の10項目に関して、主効果は見られなかった』

打者側から見ると？

さらに打者側から見て、「2段モーションによって打者のタイミングに違いが出るか」を検討しました。その結果、投手の動作のさまざまな時点から打者のタイミングは始まりますが、どのようなタイミングの取り方でも、『**最終的には同じタイミングでステップ脚を着地していた**』として、以下のように報告しています。

『2段モーションや振り上げ足を一旦静止するような投球動作は、ボールリリースのだいぶ前の段階の動作であり、このことで打者がタイミングを狂わされることは、少なくとも一般的な大学生レベルではほとんどないことが示唆された』

以上のことから、**2段モーションは投手の側から見ても、打者の側から見ても、有効ではないことが**示されました。

そこで、実質的にはマナー違反として日本では禁止されていた2段モーションは、2020年に『野球規則』が改正され、実質OKとなりました。投手によっては「2段モーションでなければ投げられない」選手もいましたので、そのような意味では『野球規則』の改正は、投手を守ることにつながったのではないかと思います。

『野球規則』（2020年度）の改正

● 5.07(a)(1)①および(2)②の改正

5.07(a)(1)①および(2)②を次のように改める。（下線部を改正）

打者への投球動作を起こしたならば、中断したり、変更したりしないで、その投球を完了しなければならない。

● 5.07(a)(2)注2の改正

5.07(a)(2)注2を次のように改める。（下線部を改正）

(1)(2)項でいう“中断”とは、投手が投球動作を起こしてから途中でやめてしまったり、投球動作を一時停止したりすることであり、“変更”とは、ワインドアップポジションからセットポジション（または、その逆）に移行したり、投球動作から塁への送球（けん制）動作に変更することである。

「トラックマン」とは何か？

トラックマンはもともと軍事用で、高性能レーダーの技術を応用したものです。野球用だけでなく、ゴルフやテニスでも使われています。トラックマンの登場により、投球時の速度はもとより、回転数、回転軸や投球の軌跡など、これまで分析に長時間かかっていた「投球の質」に関するデータを、即時に収集することが可能になりました。

トラックマンは**ドップラー効果**の原理を利用したものです。たたみ半分くらいの板状の機器から発せられる超音波をボールに当て、ボールから跳ね返ってくる音波を高性能の機器で受け取ることにより分析が可能となりました。

現在はメジャー・リーグのすべての球場に設置され、日本でも多くの球場で採用されています(**写真21**)。

メジャー・リーグの優れているところは、先ほど述べたすべての投球・打球に関する情報を共有して、公開もしていることです。これにより、**後述するセイバー・メトリクスではない、投球の新たな指標**を生み出しています。

たとえば、「エクステンション」という指標があります。これは、「投手がどこでボールをリリースしたか」を計測したものです。基本的には、「より打者に近いところでリリースしたほうがボールの質がよくなる」と言われています。

ただし、これは投手によって「自分の最適値」というものがあるようで、今日の調子を測ったりするために相対的に用いられることが多いようです。つまり、「今日は、いつもより前でリリースしているので調子がいい」といった具合です。

投手が自分自身で評価することで、調子や疲労度などを知るために使われているようですが、この辺りの使用方法は、今後も発展していくことが期待されています。

アメリカでは、このトラックマンをマイナー・リーグや大学の施設にも設置することで、選手の評価やタレントの発掘に役立てています。

遅ればせながら、日本のプロ野球でも分析が進んでいますが、まだ各球団ごとでしかデータを保有しておらず、公開が進んでいません。そのため、活用はまだ限定的で、模索しているところだと言えます。

写真21　「京セラドーム大阪」に設置されているトラックマン（左）と「オセアンバファローズスタジアム舞洲」に設置されているトラックマン（右）。現在はレーダー式に加えて「ホークアイ」と呼ばれる高速度・高感度ビデオによる計測機器が出てきている。これにより今まで以上の計測が可能となる

写真提供：TRACKMAN

第2章
バッティングを科学する

ホームランを打つためには？

野球のバッティングの魅力は、何といってもホームランにあります（**写真1**）。高々と放たれるホームランの放物線には、野球ファンならずとも憧れることでしょう。

さて、そのホームランをどうやって打つのか？

これはバイオメカニクスの研究においても難題です。

ゴルフと違って、投手の球に応じて打つことが要求されるオー

写真1　ホームランは野球の「華」。ところで、野球のバッティングの研究をしていて「やっかいだ」と思うのは、90°の範囲に打球を収めなければならないところである。どんなに遠くへ飛ぶホームラン性の打球でも、90°の範囲に収めるのは難しい　写真：時事

プン・スキル（外的要因によって左右される技能）であるため、「タイミング」「打つコース」「球種」など、考慮しなければいけない点が多く、研究を困難なものにしています。

そのような中、ホームランのような強いバッティングを行う野球の打撃は、「**衝突現象**」として捉えることで理解されてきました。バッティングは、物理現象としては「衝突」の部類に入るからです。

第2章では、ホームランを打つためのバッティングを、**衝突現象**と**動作**の観点からお話ししたいと思います。

木製バットは「ヒッコリー材」から「ホワイトアッシュ」へ

野球のバッティングを「衝突現象」として捉えた場合、ジェームズ・G. ヘイ（James G. Hay）という物理学者は「大きな衝撃力を得ようとするならば、重いバットで速く振るのがよい」と述べています。

その昔、アメリカでは「ヒッコリー材」と呼ばれる、堅くて重い素材が使われていました。かのベーブ・ルースは1,332gのヒッコリー材のバットを使っていました。

しかしその後、アメリカではより軽い「ホワイトアッシュ」と

写真2　生涯通算本塁打 714 本を打ったベーブ・ルースは、それまであまり評価されていなかったホームランの価値を高め、同時に野球をアメリカの国民的スポーツに昇華させた中心人物である

写真：GRANGER/ 時事通信フォト

呼ばれる素材を使った900g台のバットが出回るようになりました。これは、投手の球速が次第に速くなり、変化球も増えてきたため、より軽く扱いやすいバットが好まれるようになったからです。

日本でもホワイトアッシュの仲間であるトネリコ属の「**アオダモ**」製バットが使われるようになりました。現在はアオダモが伐採により減少し、「**メープル**」製(日本ではカエデ)のバットが木製バットの主流になっています。アオダモ製はよく「しなる」バットと言われていましたが、それに対してメープル製は堅い感じがするようです。

写真3　大谷翔平選手が使用するバットはアオダモ製といわれている。先のベーブ・ルース以来と言われる本格的な投打の二刀流を期待されている大谷翔平選手には、ぜひとも成功してほしいと願っている
写真：時事

「振動節」=「バットの芯」
～衝撃力を大きくする①

ボールの衝撃力を大きくするには「バットの芯」に当てることが大切です。ところで、バットの芯とは、どこでしょう？

通常は、バットの先からグリップのほうに20cmくらい近づいたところにバットの芯はあります。では、なぜバットの芯で打つとよく飛ぶのでしょうか？

バットの中心より先端寄りの「あるポイント」にボールが当たると、反時計回りの回転による左方向の動きと、右に押される動きがちょうど釣り合って、手にはほとんど衝撃がかかりません。

とても軽く、気持ちよくボールを捉えられるので、このポイントを「スイート・スポット（心地よい打点）」と呼びます。

また、金属であっても木製であっても、衝撃があった場合は**振動**が起きます。バットが「板」だと考えてみてください。力を加えると振動が起きるはずです。

ところが、バットのような形状の場合は、「振動が起こりにくいところ」があります。**固有振動数**というものを実際に測ってみると、最低値を示すところがあります。これは「**振動節**」と呼ばれるものです（**図1**）。

実際のバットは、この「振動節」と「スイート・スポット」が近くにあるようにつくられています。この周辺（商標があるあたり）が、バットの芯というわけです。

図1　バットの芯とは?

芯で捉えた場合

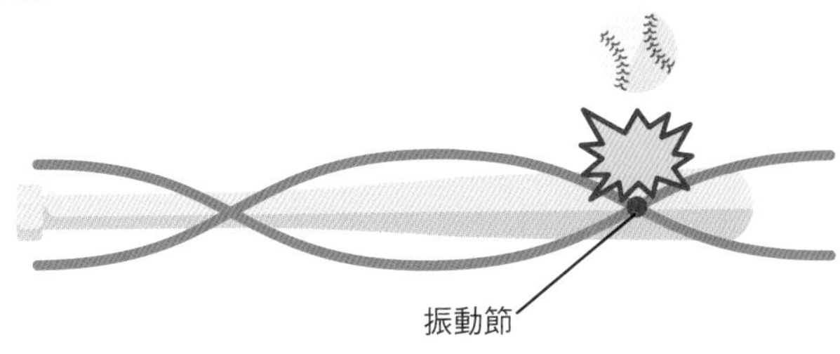

ボールが振動節に当たれば、バットはさほど振動しない

芯を外した場合

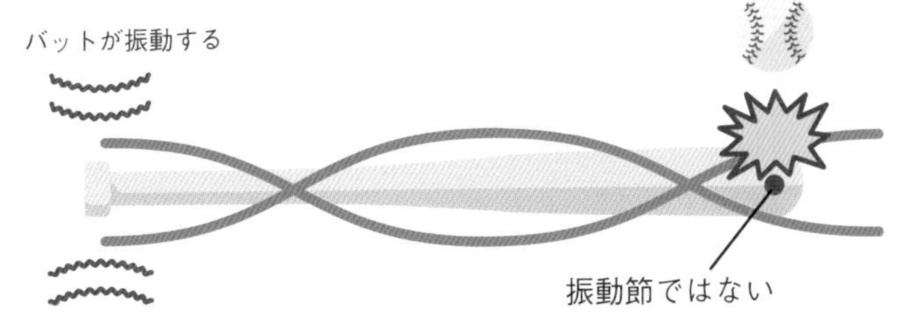

ボールが振動節以外に当たると、バットは振動する

高校野球でも金属バットを改良しようという試みがなされている。要因は打球速度が大きくなりすぎて、投手が危険になってきたことが挙げられる。実際、2019年夏の甲子園大会では、打球が投手の頬に当たって骨折という事故も起きている

金属製バットが木製バットより飛ぶ理由
～衝撃力を大きくする②

ボールの飛び方は、バットの「素材」によっても変わります。

反発係数という指標があり、「同じバット・スイング速度なら、反発係数の高いバットのほうが飛ぶ」と言われています。反発係数は、金属製バットであれば0.4～0.6、木製バットであれば0.3～0.4となります。金属製バットの反発係数が木製バットに比べて大きいのは、「音」＝「振動」とも関係があります。

ボールがバットに当たると、金属製でも木製でも振動が起こります。振動とはバットの「たわみ」なのですが、**写真4**のように、ボールとバットがくっついているとき――つまりはインパクトのときに、「たわみ」が戻ることができれば、ボールにエネルギーを与えることができるのです。

この振動の周波数が、金属製バットと木製バットでは異なります。振動の周波数は金属製バットが比較的高く、木製バットは低いという特性があります。

ここでポイントになるのが、インパクトの時間は1000分の1秒以下と非常に短いことです。

木製バットは周波数が低いので、バットの「たわみ」が戻る前にボールが飛んで行ってしまうのです。しかし、金属製バットのように周波数が高ければ、バットは短時間で「たわむ」ため、バットの「たわみ」が戻るときのエネルギーもボールに与えることができるのです。こうした理由で、金属製バットは木製バットに比べて飛ぶのです。

インパクト時の音は、ボールがバットに当たったときの衝撃音です。衝撃音の高さは周波数で表されます。インパクト時

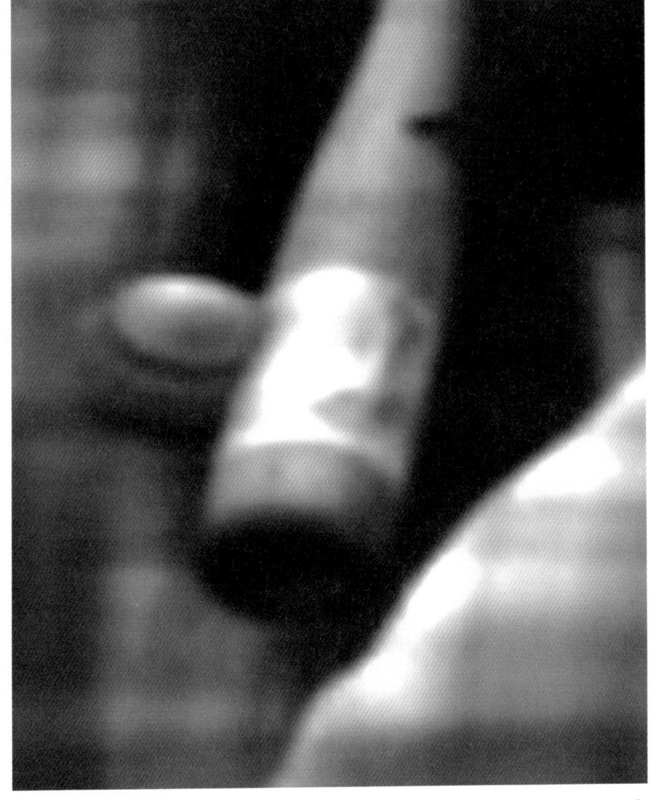

写真４　硬球と金属バットがインパクトした瞬間に、金属バットの「たわみ」がボールに伝われば、ボールにエネルギーを与えることができる

に金属製バットのほうが「キーン」と高い音が出るのは、振動の周波数が高いことを示しています。

大きな反発が生じる「風船の衝突」で飛ばす

最近、軟式野球のバットには、芯の部分にポリウレタン系の素材を巻いてあるものがあります。

硬い金属バットで軟式ボールを打つと、完全につぶれてしまいます。つぶれるとエネルギーが失われてしまい、大きな反発を得られません。

そこで**図2**のように、バットの芯の部分に柔らかい素材を使うことでボールの変形を極力抑え、大きな反発を得られるようにしたのです。

これは「風船の衝突」として例えられます。

風船同士がぶつかったとき、壁などの硬い場所にぶつかったときよりもエネルギーを損なわず、大きな反発力を得られることを利用しています。

しかし、ボールとバットの衝突は瞬間的な現象のため、解明されていない点が多いと言えます。

図２　バットの違いによるインパクトの瞬間の違い

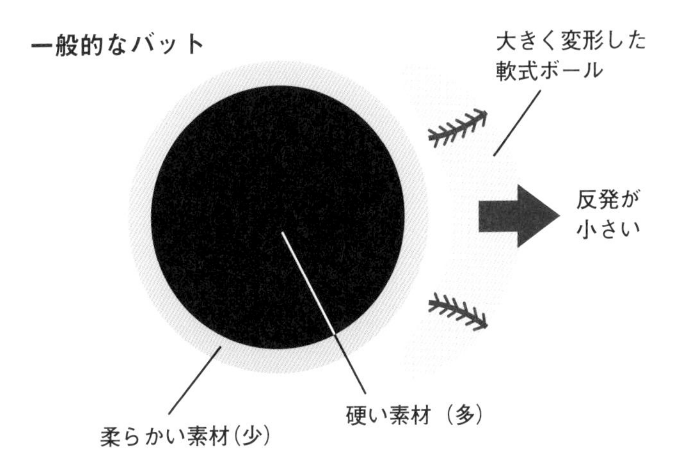

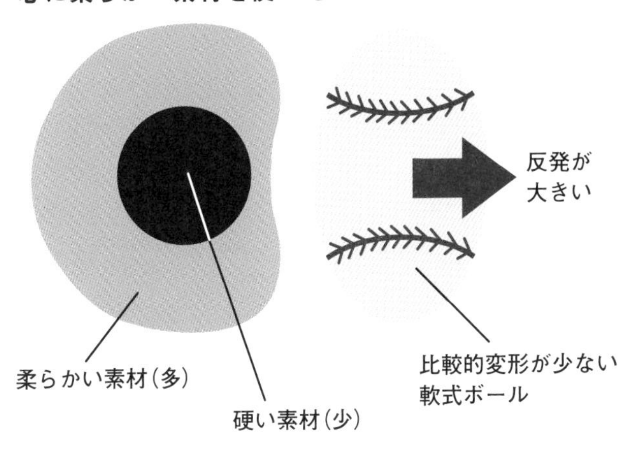

金属バットは薄い構造のほうが「たわみ」ができやすく、その結果、反発も大きい。しかし、構造上は弱くなるため、金属バットの利点がなくなる。1990 年代の金属バットは弱く、折れたりもした

参考：ミズノ Web サイト

ボールに対するバットの理想的な「進入角度」とは？

飛距離を出すためには、バットの強い衝撃力で打球の初速度を上げることが重要です。

しかし、重要なのはそれだけではありません。放物線を描くように打球が上がらなければいけません。

最近、メジャー・リーグで活用されているスタット・キャストという計測システムでは、「打球の初速度」や「打ち出し角度」「飛距離」が算出されています。

メジャー・リーグでの打球の打ち出し角度は、平均するとだいたい27°で、打球によって20°から35°くらいの幅があります。

また、投手が投げるボールはどんなに速くても、ホーム・ベースを通過するときには、重力の関係で4°から7°ほど下向きに入ってきます。

このため、飛距離を出すためのバットの動きとして考えられるのは、以下の2点です。

①バット・スイングを打ち出し角度と同じ角度にする
②投球の軌道にバット・スイングの軌道を合わせて、打つ位置を調整する

そのため、バッターは、ボールに対するバットの進入角度をこの値に近いものにしなくてはなりません。

図3は、私たちのグループが調べた、ボールに対するバットの進入角度を示したものです。

このとき、チーム打率が最も高かったキューバの選手の進入

図3　インパクトの角度（世界大会の結果から）

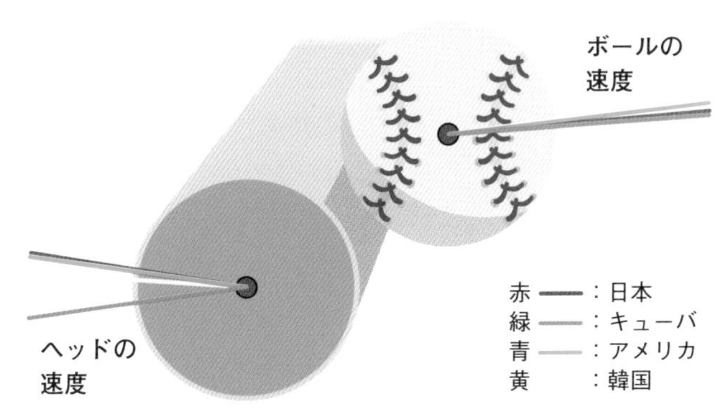

飛距離を出すためには打ち出し角度が重要で、さらに、揚力を生み出すためにバックスピンをかける必要がある。しかし、バックスピンをかけるにはボールの下半分を打つ必要があり、そうすると衝撃力が弱くなってしまうという問題が生じる

	スイング角度（度）	ヘッド速度（km/h）		投球角度（度）	インパクト角度（度）
		打球方向	鉛直方向		
日本	−8.3	124.6	−18.2	4.5	12.8
キューバ	−2.1	126.3	−4.2	5.1	7.2
アメリカ	−7.0	122.4	−15.3	5.6	12.6
韓国	−6.1	135.0	−14.8	5.1	11.2

キューバ選手は
ライナー性の打球が多い

（森下、2012）改変

角度は7.2°と、この理想値（4°～7°）に近いものでした。野球強豪国であるキューバの選手の豪快な打力は、このように緻密な計算によっても証明されたのでした（**写真5**）。

⚾ 賛否両論ある「バック・スピン」の効果

また、飛距離を出すためには、ボールにバック・スピンをかけることも重要です。第1章のピッチングのところで紹介したマグヌス効果により揚力が生まれてボールが落ちにくくなることで、飛距離を伸ばすことができます。

しかし、このことに異論を唱える人もいます。

確かに理想的な球の回転、揚力を机上で算出することはできます。たとえば、アラン・ネイサン（イリノイ大学）は「平均的なストレートを打った場合の最適なスピン量は毎分2421回転」と算出しています。ですが、これをバットとボールの衝突現象とした場合、「スピンをかける」ということは衝撃力のロスにもつながり、ボールが飛翔するために必要な「そもそもの運動量の獲得が不足」してしまう懸念があります。

また、投じられたボールに対して、バッティングで効果的なスピンをかけることが本当に可能なのか、という疑問もあります。「変化球もあるかもしれない」という状況の中、時速140キロ以上のボールに対して、バッターが正確にバック・スピンをかけるだけのズレないインパクトができるのかは、研究者の間でも議論されていることです。

しかし、ホームランを量産できる打者は、パワーだけに頼っているわけではないことは見てもわかることであり、今後も研究が必要と言えるでしょう。

写真5　キューバは野球選手を育成する学校がある。幼少期はさまざまな競技をさせ、適性を見て各競技の育成に移っていく。国が行っているため、野球選手もコーチも国家公務員である。写真は2019年に開催されたWBSCプレミア12の「オーストラリア対キューバ」戦で打席に立つ、キューバ代表のラウル・ゴンザレス選手　　写真：Penta Press/時事通信フォト

バットとボールの直衝突で打球が飛ぶ

前項では「飛距離」と「スピン」の関係について述べましたが、つまるところ3割打者が「一流」と言われる野球では、バットとボールの衝突、つまりミートすること自体が大変難しい技術です。

また最近の投手は、ツーシームといった、打者の手元で少し変化するボールを投げるため、スピンをかける打ち方よりも、正確にボールの中心とバットの中心を運動量の方向に当てる打ち方のほうがよいと考えられます。

私は筑波大学野球部で監督をしていますが、すべての選手がホームランを打てるほどのパワーを持っているわけではないので、まずは正確にミートする技術を身につけるよう選手に勧めています。

バットが水平面を移動中はボールと出合う軌道を外さない

図4のように、「バットの中心とボールの中心を結ぶ線」と「運動量の方向」を合わせてミートすることを直衝突と言います。直衝突は、簡単に言えば「正面衝突」のことで、ズレることなくミートすることです。

「なぜ直衝突がよいのか？」というと、バットのエネルギーをもれなくボールに伝えることができるからです。一番速い打球が飛ぶのが直衝突なのです。

それでは、直衝突するためのバット・スイングはどのように実行すればよいのでしょうか？　結論から言えば、投球の軌道とバットの芯が通る軌道を同じにすればよいのです。

図４　バットとボールの直衝突

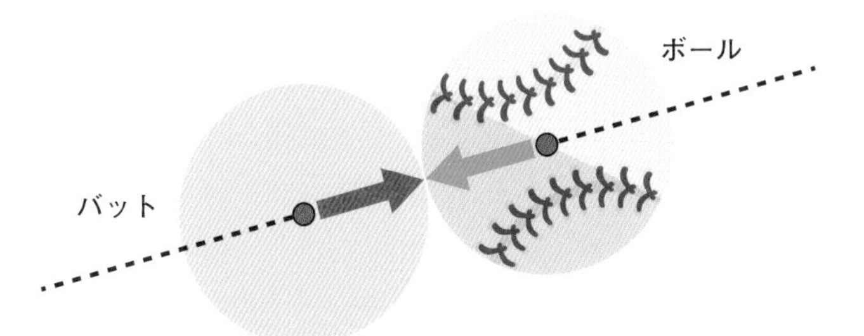

一番速い打球を打つには「ボールとバットが直衝突（正面衝突）するのがよい」とされている。そのため、センター返しの打球速度が一番速い

プロ野球日本シリーズ第４戦「福岡ソフトバンクホークス対読売ジャイアンツ」で、柳田悠岐選手（福岡ソフトバンクホークス）が放った逆転２ランのミートの瞬間。数年前、柳田選手の打撃を分析したことがあるが、私（研究者）からは、すくい上げるようなアッパー・カットに見えるスイング軌道でも、本人は「いいときは、たたいている感覚がある」と述べていた。感覚と実際が異なることはスポーツの場面ではよくあることで、動作分析を事実だけで解釈しようとすると選手の役に立たない。選手本人の感覚を聞くことが大切だ　写真：時事

ただしこれは「いうは易く、行うは難し」です。

このバット・スイングを行うには、0.4秒くらいで飛来するボールの軌道をある程度予測しながら、ボールとバットの軌道を合わせる必要があります。

後述する「肘のたたみ」により、直立に近いバットは、振り下ろされると、水平面を通る軌道に変わっていきます。このときには体からの力がすでにバットへ伝えられており、**水平面の軌道においては、力をバットにそれ以上与えることはできない**と考えられています。

つまり、水平面に振り下ろされたバットは、それ以上力を与えるのではなく、**ボールと出合うための軌道から外れないようにすることこそ**行われる必要があります。

よく、「力強いバッティングは手首を返す」と言われますが、ハイ・スピード・カメラの映像を解析すると、手首が返るのはインパクト後になります。特にバットが水平面を通るときには「手首を返さない」ようにすることによって、ボールの軌道にバットの軌道を合わせることができるのです。

ただ、バット・スイングは一瞬で行われるため、感覚と実際に起こることにラグ(ズレ)が生じるのも事実です。ボールが当たるときには「手首を返す」と言っても、脳から手への指令の伝達にも時間がかかるため、**ボールが当たるときに「手首を返す」感覚でようやく、バットでインパクト後に手首が返る**のかもしれません。

この辺はバッティングが一瞬で行われるため、指導が難しいところです。

バット・スイング速度を高める「上肢」の動かし方

ボールとバットの衝撃力を大きくするために一番重要なのがバット・スイングの速度を高めることです。そのために重要なのは、「バットを握っている両手がどのように動き、力を発揮するのか」を理解することです。

打具を扱うスポーツの中で、野球のバットは最も重い部類に入ります。約900gのバットを両手で握ってスイングしますが、右打者で言えば上にくる右手、下にくる左手が同じ動きをするわけではありません。ここでは、右手と左手それぞれの動きの違いを説明しながら、効果的な動きについて述べましょう。

打者は投手の投球モーションに合わせて、「構え」からバック・スイングを始めます。このとき腕は(特に右打者の左腕は)伸びます。腕が伸びることによって、ボールとの間に距離をつくり、バットを加速させてインパクトするためです。わずか0.4秒ぐらいで到達するボールに**最大限まで加速させたバットを当てるには、肘を伸ばして距離を稼ぐことが重要**なのです。これにより、体幹の回転が生み出すエネルギーが、バットの回転に伝わります。

このとき、ただロボットのように「ビーン」と伸ばすのではなく、力を抜き、**振り出すときに自然と伸びるような形が理想**です。力を抜くことで左側の肩甲骨が外転(右打者なら左へ移動)して、より大きな動きができるようになります。

このとき、**右肘が背中側に入らないように保つことが大切**です。右肘が背中に入ってしまうと、バットのグリップが出にくくなるからです。

⚾ バットをコントロールしやすい「インサイド・アウト」

ここからバット・スイングを開始します。このとき大切なのは、右肘の「肘のたたみ」と呼ばれる動きです。右肘を屈曲させながら体幹にこすりつけるように出すことで、バットのグリップが最初に動き出します。

これにより、バットのヘッドが遅れ、いわゆるインサイド・アウトのバット・スイングができます。そのため、少ない動きで、効率のよいバットの加速が可能になります。

さらによいのは、**図5**のように、体幹からバットが離れないので、「てこの原理」でいうところの「支点と作用点の距離」が短くなることです。力点であるバットのグリップが遠くにあるため、バットを操作しやすくなるのです。

現代野球の投手の投球は、スピードがあるうえに変化するボールが多いため、打者はよりボールを引きつけてから打つ必要があります。そのため、バットの操作がしやすいインサイド・アウトのバット・スイングは必須であると言えるでしょう。

図5　インサイド・アウトのスイング

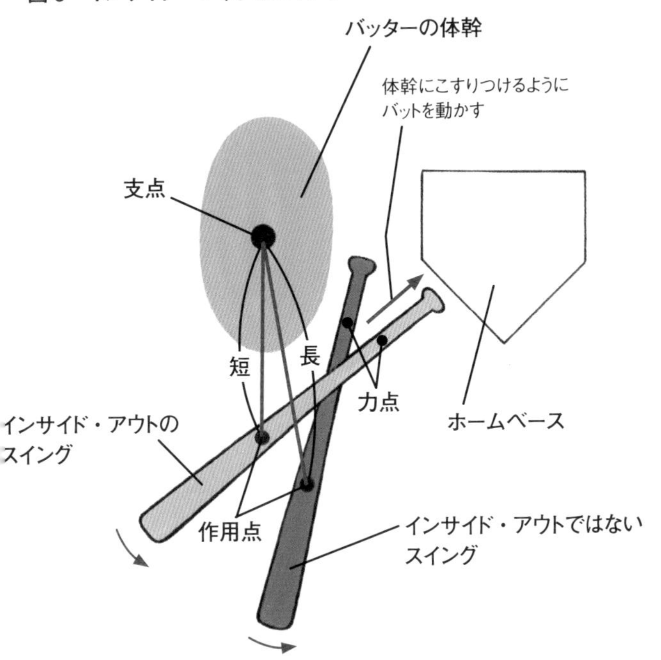

インサイド・アウトの定義は難しいが、基本的には、先にグリップが打撃位置の方向に進んでからヘッドが動き出すことと定義できる

バット・スイング速度を高めるのは体幹の回転よりもひねる動き

第1章のピッチングでも述べましたが、人が四肢やバットといった末端の速度を上げていくときに、実際のエネルギーを生み出すのは体幹です。体幹は人の体の部位で言うと一番重く、大きなものだからです。

体幹が動き、続いて腕が動き出すことで「運動量の保存則」が働きます。正確には回転運動なので「角運動量の保存則」ですが、説明を簡単にするため、ここでは直線的な運動で考えてみます。

体幹のような大きな物体が動き出すと、そのときの運動量は、

運動量＝mv

という式で表されます。mは質量、vは速度です。

このとき、体幹は重いため質量のほうが速度よりも効いてきて、速度は小さいままです。しかしその後、動きが腕やバットに転移すると、体幹に比べて腕やバットは軽いために速度のほうが質量よりも効いてきます。速度が大きくなるのです。この速度の転移を「保存する」と言います。

このように、体幹から腕・バットへと速度が転移する運動量の保存則を使うことで、効率よく運動ができるのです。

バットは「決して力で振るわけではない」ことを、選手には伝えたいですね。

腰と肩をひねることでバット・スイングが高速化

体幹の使い方で、もう1つ大変重要なことがあります。

それは、体幹を1枚の「板」のように使うのではなく、腰を回しても肩を残すようにすることです。つまり、「ひねり」を使うのです。第1章でも述べましたが、この体幹と腰のズレにより、体幹のパワーをさらに増幅して使うことができます。

図6は体幹の回旋筋力を計測した値とバット・スイング速度との関連性、相関を見たものです。

「バット・スイングの方向に体幹を回転させる力」と「バット・スイング速度」では、バット・スイングと同じ方向ではなく、**逆方向のときの関連性のほうが大きいことが示されました。**

このことは、体幹を回転させる力が大きいことは、バット・スイング速度を大きくするためにも重要ですが、それ以上に、バット・スイングと逆方向にひねる力の大きさのほうが、バット・スイング速度を高めるために重要であることがわかります。

図6　高校生男子25名の体格および体幹回旋筋力とバット・スピードの関係

		平均値	バット・スピードとの相関係数
スイング方向（Nm）			
	60deg/s	108.0	0.157
	90deg/s	108.3	0.234
	120deg/s	112.9	0.171
スイング逆方向（Nm）			
	60deg/s	109.0	0.375
	90deg/s	107.1	0.483
	120deg/s	112.0	0.461

（平山、川村、2015）

ストライク以外を見送るときも「ひねる動き」が欠かせない

この「ひねる動き」は、子どものころから意識して行わないと、大人になってから行うのは難しい傾向があるようです。私は大学の体育の授業で一般の学生にもバッティングを教えますが、一番「わからない」と言われるのが、この体幹のひねりです。

子どものころから多様な運動経験、トレーニングまではいかないまでも、子どものころから特に「ひねる動き」を経験させるようにすることが、よいバッターへの近道と言えるでしょう。

また、この「ひねる動き」は、「ボールを見る」、つまり**選球するときにも重要**です。

バッターはバット・スイングだけでなく、ボールを見極めて、ストライク・ゾーンに入ってこないボールは見逃すことも重要です。しかし、多くの野球選手にとって、投手の投げる速い球や変化球を「ストライクかボールか」正確に見極めるのは困難です。

そのとき、腰が回転しても肩が回転しないひねる動作が重要になってきます。投球を打ちにいきながらストライク、ボールの判断をするとき、一瞬でも肩の回転を遅らせることができれば、バット・スイングを中止することができるからです。

これが、腰の回転と同時に肩も回転してしまうと、途中でバット・スイングを中止することができずに、ボール球でも振ってしまいます。投手が投げる球は、100分の5秒で2mくらい移動してしまうので、「ひねる動き」で、この**100分の何秒という時間をつくることができるかどうかが、よいバッターになれるかどうかの分かれ目**になるのです。こうした点からも、体幹をひねる動きは大変重要であると言えます。

バット・スイング速度を高める「下肢」の動かし方

バット・スイング速度を高めるには、下肢の動きが重要です。スイングは「下肢の動きから始まる」と言っても過言ではありません。直接的な回転の力を生み出すのは体幹ですが、体幹を動かすきっかけと制御を行うのが下肢の役割です。

タイミングの問題もありますが、バット・スイング速度を高めるには、投手寄りにある足を投手の方向にステップします。これにより重心の移動が始まり、その重心をステップ脚で止めると回転が生じます。

これは**図7**に示すように、格闘技のパンチなどにおいて運動量を生み出す方法と同じ理屈です（参考:『格闘技の科学』吉福康郎/著、サイエンス・アイ新書）。

このとき、バット・スイング速度が速い打者と遅い打者を比較すると、バット・スイング速度が速い打者は、**軸脚（右打者の右脚）の股関節の外転**を使っていることがわかります。一方、バット・スイング速度が遅い打者は**膝関節を伸展**させる方法をとっていました。

なぜ、このような違いが出たのか考えてみましょう。

まず、バット・スイング速度が遅い打者は、膝関節を伸展させることで急激に重心を移動させ、「勢い」を使うことによってバット・スイングしようとします。しかし、大切なのは体幹を回転させるきっかけをつくることです。膝関節の伸展が優位になると重心が上がってしまうので、回転する力が抜けてしまいます（**図8**）。

一方、バット・スイング速度が速い打者は、股関節の外転

図7　格闘技のパンチなどで運動量を生み出す方法

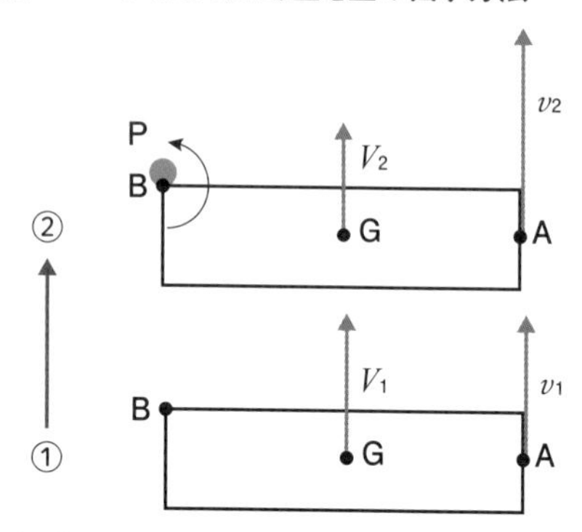

打撃の回転する力を生むために、まず体を並進させ、その片側をストップさせることで、もう片側が回転するモーメントを生み出す。端Bが点P（いわゆる壁）で急停止すると重心Gの速度は落ちるが、回転の効果により点Aは急加速する。右打者の場合、並進させるのが打者の捕手側の脚で、ストップさせるのが投手側の脚である。腰部を想定した場合、ここまで投手方向に向いてはいないが、ステップ脚を止めることにより、腰部の回転をサポートする

図8　下半身が伸び切って回転が抜けてしまったイメージ

右打者の場合、ステップ脚（左脚）の膝を伸展させてバット・スイングすると重心が上がり、重要な「回転する力」が逃げてしまう

を使うことで、重心の力をより投手方向に使うことができます。これにより、回転の力を生じさせることができるのです。

鋭い腰の動きに欠かせない「内転筋」の強さ

さらに、ステップ脚の使い方も大変重要です。「バット・スイングのきっかけをつくる」という意味では、ステップ脚の股関節を外旋させることで、骨盤の回転を生じさせます。

バット・スイング速度が速い打者はスイングの後半に、ステップをしっかりしてからインパクトにかけて、ステップ脚の股関節を内転・内旋させるように動きます（**図9**）。バット・スイング速度が遅い打者はこの動きが小さくなります。

軸足側の動きも同様の傾向があるのですが、このバット・スイングの後半で両方の脚を内転させる動きは、骨盤の回転を促すものです。くわしく述べると、骨盤の回旋は最初に軸脚側の股関節を内転させ、それが内旋に変化することで回旋が始まります。しかし、そのままだと体幹やバットにエネルギーが伝わらないので、ステップ脚が内転することで両股関節を閉めるようにして体幹へ力を伝えます。

この力を生み出すのが内転筋です。内転筋は、うまく使えない人が多い筋肉です。たとえば、内転筋は歩行のとき、脚が外に流れないようにするために作用するのですが、内転筋がしっかりしていないと外に流れる歩き方、いわゆる「ガニ股」になってしまいます。

鋭い腰の回転を生むためにも、内転筋を意識的に鍛えるようにしたいですね。

図９　股関節の内転を使うことで回転力を生み出す

投手側へ重心を移動させるために必要なのは、サイドステップをする要領で地面を押すことである。このとき働くのは「中臀筋」という、お尻の横にある筋肉である。そこからステップしていくことで足の幅が広くなるが、ステップした脚で地面を踏みしめる。これが股関節の外旋である。そこから骨盤を両太ももをくっつけるようにすることで、骨盤は鋭く回旋する。このときに両股関節の内転筋を使う

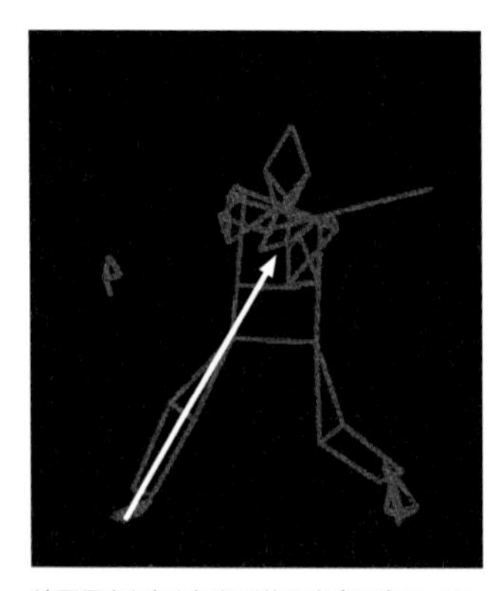

地面反力を表す矢印が体の中央に向かっているので、ステップ脚の内転筋を使っていることがわかる

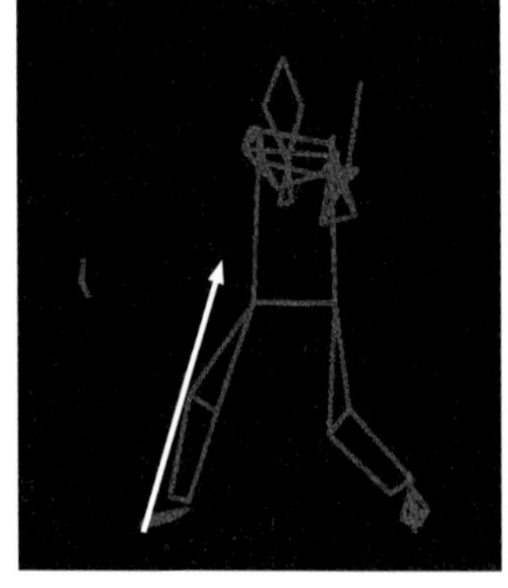

地面反力を表す矢印が体の外にあり、ステップ脚の内転筋が使えていないことがわかる

バット・スイング速度を高めるメカニズム

「バット・スイング速度を高める体の使い方」についてはさまざまな研究がなされていますが、実は一番大切なのは体の使い方ではなく、バットの軌道であることがわかってきています。

図10は「バット・スイング速度に貢献している体の部位」と、バットが持つ「遠心力」や「コリオリ力」といった運動依存項の関係です。ご覧の通り、バット・スイング速度を大きくするためには、この運動依存項の力が一番大きいことがわかります。

つまり、バット・スイング速度を大きくするには、バットが持つ遠心力を大きくするための動作が必要です。体の使い方としては、「バットが持つ遠心力を損なわないようにするために、どのような操作が必要か」が課題と言えます。

もちろん、体のエネルギーはしっかりと伝えなければいけませんが、それよりも大切なのは、バットが加速しているときに体が邪魔しないことなのです。

中心は「不動」になってバットをスムーズに動かす

たとえば、**図11**は高校生の「バット・スイング速度」と「体格」の関係を示しています。

この中で相関が一番大きいのは体重であることがわかります。この意味は「体格が大きい人はパワーがあるのでバット・スイングを速くできる」という意味だけではなく、「バットが加速し始めたときに体が負けない」ということも意味します。

バットが加速し始めると、体には遠心力とは反対方向の力が加わります。このとき体が動いてしまうと、バットの動きを

図10　ヘッドスピードへの貢献

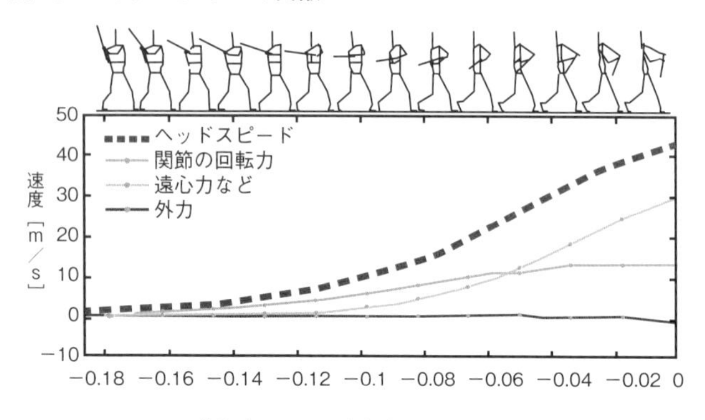

スイング後半　・運動依存項の貢献：大
・総関節トルクの貢献：中

バットのヘッドスピードに一番関係があるのは遠心力などの運動依存項で、関節の回転力などはその次だ

出典：阿江数通、小池関也、川村 卓、阿江通良「打点高の異なる野球打撃動作における上半身のキネティクス的分析」、『ジョイント・シンポジウム講演論文集』、p.50-55、2010年

損なって加速しにくくなりますし、バットの軌道が乱れることでボールが当たらなくなります。

たとえば、壁にかけてある針のついた時計を見てみましょう。**バットが秒針だとしたとき、体は秒針が出ている中心になります。**当たり前の話ですが、この中心が動いてしまうと、秒針はスムーズに回転することができません。

バッティングはまさに回転する秒針、つまりはバットがスムーズに動いてもらうためには、「中心は不動になったほうがいい」ことを示しています。そのためには、「体重がある人のほうがバットの加速に負けないので有利」と言えるのです。

バッティングのときに、よくコーチが「大振りをするな」と言ったりしますが、これは、大振りをすることで遠心力が大きくなり、体がブレてしまうことを指摘した言い方だと思います。

図11　高校生（男子68名）の「スイング速度」と「体格」「体力」との相関関係

項目	平均値	±	S.D（標準偏差）	相関係数
スイング速度（m/s）	30.0	±	2.6	—
打球速度（m/s）	31.5	±	3.3	0.686**
身長（cm）	172.4	±	5.8	0.430**
体重（kg）	66.2	±	7.2	0.678**
30m走（秒）	4.4	±	0.1	−0.199
リバウンドジャンプ（RJ）：Hight（cm）	33.0	±	4.0	0.150

※1　リバウンドジャンプ（RJ）は、「連続で6回、真上に飛ぶ測定」で、跳躍高を踏切時間で除すことによって算出する。通常、2.0を超えると優秀。

※2　相関係数内の「**」は、統計的な有意性を示している。「*」だと「$p < 0.05$（5%水準で有意）」、「**」だと「$p < 0.01$（1%水準で有意）」という意味になり、0.05より0.01のほうが統計的に意味が大きい。ここでは、「スイング速度」と「体重」の関係は「非常に（1%水準で）大きい」ということになる。

バット・スイング中の体幹と腕(上肢)の関係

バット・スイングするときの力は体幹から腕へ伝わり、その後バットへと伝わっていきます。このとき、力は体幹から腕へどのように伝わるのでしょうか？　力を「エネルギー」という指標で見てみましょう。まず、エネルギーとは何でしょうか？

たとえば水力発電で、高いところにある水が持つエネルギー、これを**位置エネルギー**と呼びます。落ちた水が動力を生み出すタービンに当たり、**運動エネルギー**に変わります。さらにタービンが発電機を動かして**電気エネルギー**を生み出し、各家庭へ送られます。このように、エネルギーは形を変えながら次の状態へと伝達されていきます。これを**エネルギーの保存則**と言います。これをバッティングに応用して考えてみると、興味深い結果がわかりました。

図12はバット・スイング中の力学的仕事量、つまりはエネルギーを表しています。右打者の場合、バット・スイングの前半では体幹のエネルギーが「左肩から左腕へと流入している」という結果が得られました。つまり、右打者であれば、体幹の力を伝えるのは主に左腕ということになります。逆に言うと、このとき右腕はほとんどエネルギーを伝えていませんし、エネルギーを生み出してもいません。動きで言えば、右肘を曲げて体側にくっつけるようにすることで、バットが体から離れないようにしています。

通説とは逆になる「下の手」と「上の手」の役割

ところがバット・スイングの後半、インパクトに近づくと、先ほどの右腕――特に手首がエネルギーを生み出す動きをしています。これはバット・スイング速度が高まっているバットをボールに当てるための微調整をしていると考えられます。

特に遠心力と重力を持ったバットは、下向きの力、つまりはバット・ヘッドが下がった状態にあります。その状態からバットとボールを出合わせるためには、バットの方向を調節する力が必要になります。それを右腕、特に手首の部分で行っていると考えられます。

野球の指導ではよく両腕の役割について、「下の手が方向を調節して、上の手がパワーを出している」と言われたりしますが、エネルギーという観点で見ると逆です。「下の手が体幹の力を伝達し、上の手がコントロールしている」と言えるでしょう。

図 12　バット・スイング中の右腕と左腕の力学的仕事量（右打者）

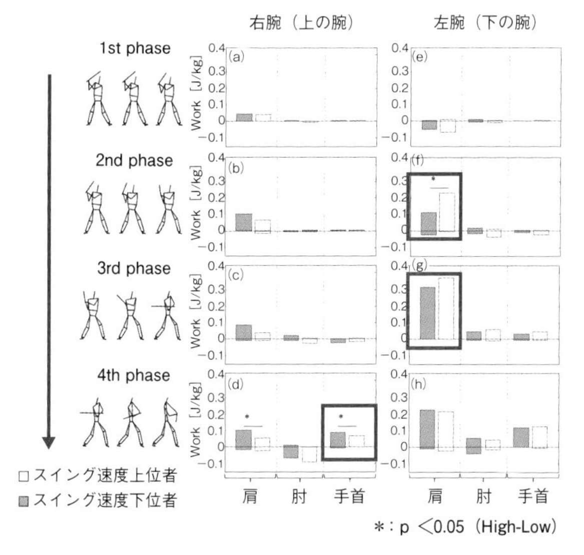

動体視力は重要だが、普段の練習でも鍛えられる

野球選手に必要不可欠な能力として**動体視力のよさ**があります。動体視力とは、私たちが学校などで計測する視力（静止視力と言います）と違って、**動くものを見る能力**です。

動体視力には、主に「一定距離を保った動く物体を認識する能力」である**DVA**（Dynamic Visual Acuity）と、「遠方より自分に迫ってくる物体を認識する能力」である**KVA**（Kinetic Visual Acuity）があります（**図13**）。

特に、打者にはDVAとKVAの両方が必要です。

以前、私が協力したあるテレビ番組で、メジャー・リーグでも活躍した青木宣親（あおきのりちか）選手（東京ヤクルトスワローズ）が、DVAの測定をしたところ、とんでもない能力を持っていることがわかりました。

どのくらいの能力かというと、**目の前を時速300キロで通過するF1マシンを運転しているレーサーの顔を判別できるほど**とのことでした。このように、一流の野球選手は優れた動体視力を持っています。

となると、「動体視力をもっと鍛えたほうがいい」ということになりますが、ここで難しいのは、動体視力が、動くものを目で判別する能力であるにすぎない、ということです。つまり、動体視力を鍛えても、今度は**判別したものに対応して、自分の体を動かす指令能力も一緒に鍛えないと意味がありません**。動体視力だけトレーニングしてもダメということです。ということは、「速いボールを目で見て、打つ」という普段の野球の練習は、**まさに目のトレーニング**であると言えます。

しかし、現代人はパソコンやスマホなど、目を動かさず、1点を凝視することに慣れているため、目を動かしたり、ピントを合わせたりする能力が衰えやすいことが指摘されています。そのため、普段から目を動かしたり、調節したりする筋肉を鍛えることが必要です。以下に、簡単にできるトレーニング方法を紹介しておきましょう。

⚾ 目でペンを追うトレーニング

パートナーと実施するトレーニングです。パートナーには、40cmくらい離れたところでペンを持ってもらいます。トレーニングする人は、そのペンの先を見つめます。

パートナーはそのペンを最初はゆっくり、横に動かします。トレーニングする人は、そのペンを見つめたまま、目で追います。このとき頭は動かさず、目だけで追うのが重要です。

図13　2つの動体視力（動く物体を見る能力）

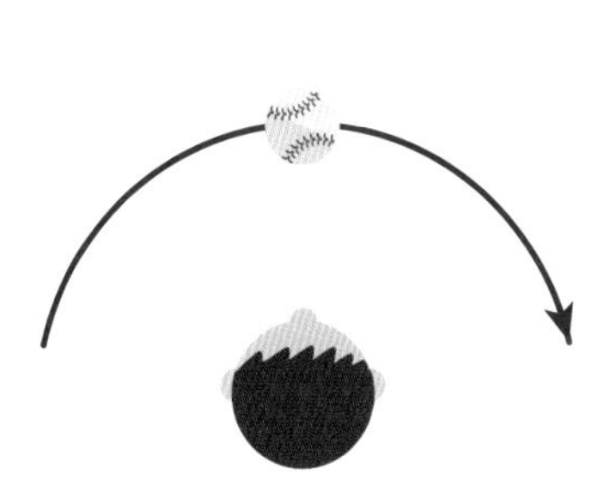

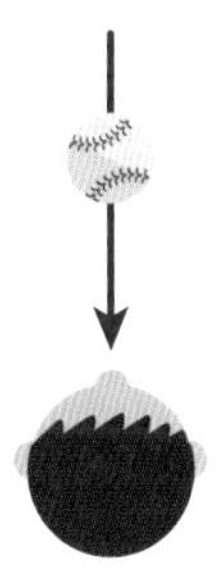

DVAは自分の目の前を一定の距離を保って動く物体を認識する力である。一方、KVAは遠方より自分に迫ってくる物体を認識する力である

5往復くらいしたら、今度はそのペンを縦に動かしてもらいます。同じく5往復くらいです。

その後、今度は斜めにペンを動かし、バッテンを書くようにペンを動かし、それを目だけで追います。バッテンを5回くらい書いたら、今度は下から上にバッテンを書いて、同じように目で追います。また、今度は50cm離れたところから目の前10cmまで前後に動かしてもらい、それを目で追います。5往復で終了です。

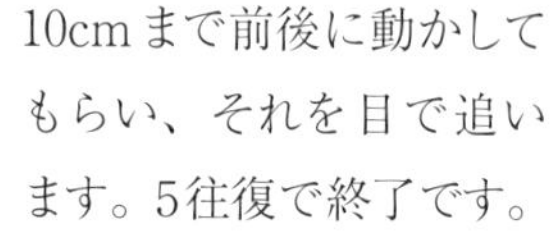

目の機能は、このような簡単なやり方でも高めることができます。野球が上手になりたいなら、日ごろから取り組んで、目を鍛えておくことをお勧めします。

図14　目で親指の爪を追うトレーニングは1人でできる

左右の親指の爪を交互に見る

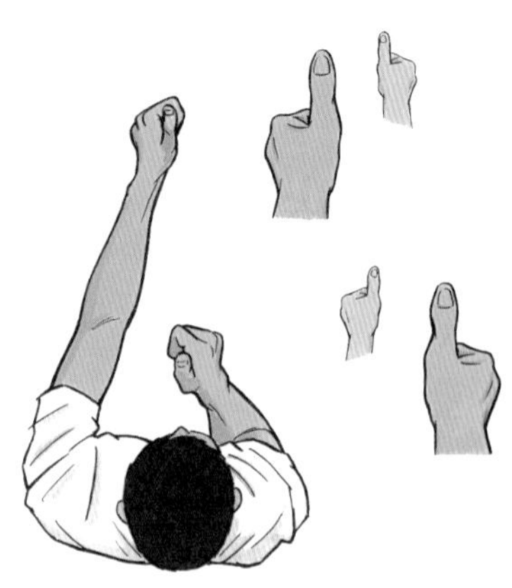

前後の親指の爪を交互に見る

イチロー選手の「移動型」、スラッガーの「回転型」

投手は「ピッチャー・プレート」という「ここで投げなさい」という場所が決まっています。同様に打者も「バッター・ボックス」という「この中で打ちなさい」という場所が決められています。打者はこのバッター・ボックスの中で、できる限りボールにエネルギーを与えるための力を生み出す動作をします。

少々回りくどい書き方でしたが、打者が力を生み出す空間は非常に狭く、限られています。また、「投球に応じて動く」ということを考えると、時間も短く、限られています。

打者は、この限られた空間と時間の中で、**移動**し、**回転**して、力を生み出します。

前述しましたが、体が移動してその体の一部を止めると回転が起こります。打者も投手方向にステップして、さらにそこから回転する、と述べました。

この力を大きくするためには、ステップを大きくし、ステップの速度も速くしたほうが、回転の力が増すと考えられます。

しかし、投手の速い投球や鋭い変化球に対してステップを大きくすれば、目線のブレが生じやすくなります。このため、打者は**自分の能力に応じて、このステップの大きさや速度を調節**しています。

イチロー選手の「フロント・レッグ・スタイル」

たとえばイチロー選手は、移動が大きい選手の代表格です。大柄な選手が多いメジャー・リーグで、野球選手としては細身のイチロー選手が活躍できたのも、誰にも真似できない移動の

写真 6　その昔は「ウェイトシフト」スタイルと呼ばれた打ち方があり、シカゴ・ホワイトソックスのコーチ、チャーリー・ロー氏が『3 割バッターへの挑戦』（大修館書店、1982 年）という本の中で紹介した。1970 ～ 80 年代のメジャー・リーグではポピュラーな打ち方だった。写真は移動型のイチロー選手

写真：時事

写真７　回転型の元祖は最後の４割バッター、テッド・ウイリアムズが表した『バッティングの科学』（ベースボール・マガジン社、1978 年）により紹介された打法。今でも通用する普遍的な打法である。写真は回転型の松井秀喜選手　　写真：時事

力の大きさがありました。

その移動の力をほとんど前の脚(イチロー選手では右脚)に乗せて、後ろ足が浮く打ち方は、「フロント・レッグ・スタイル」と呼ばれています(**写真6**)。しかし、どうしても頭部の動きも大きくなって、目線がブレやすくなるという問題点があります。

ところが、イチロー選手は打撃中、たくみにバランスを保ちながらヒットを量産してきました。フロント・レッグ・スタイルは、どちらかというとあまり体格に恵まれていない選手が用いることが多いようです。

回転させる力を優位にするスラッガー

一方、回転を強調する選手もいます。体重移動は最小限にして、体幹を回転させる力を優位にバット・スイングする打ち方です。体の力をダイレクトにバット・スイングに伝えていきます。この打法は、一般的に「スラッガー」と呼ばれる、ホームランを量産するような選手に多い打ち方です(**写真7**)。昔でいえば、テッド・ウイリアムズ選手(ボストン・レッドソックス)、バリー・ボンズ選手(ピッツバーグ・パイレーツ、サンフランシスコ・ジャイアンツ)、最近では大谷翔平選手(ロサンゼルス・エンゼルス)もこの打ち方の部類です。

この打ち方は、移動を最小限に抑えることで、目線のブレを抑えることができます。回転させる力を優位にして大きなエネルギーを生み出すため、回転する物体の質量——つまりは大柄な選手に向いています。

逆に言うと、大柄な選手が大きく移動すると慣性が大きくなってしまいますので、その力を止めるのが大変になり、ブレやすくなるとも言えます。

第3章
統計で科学するセイバー・メトリクス

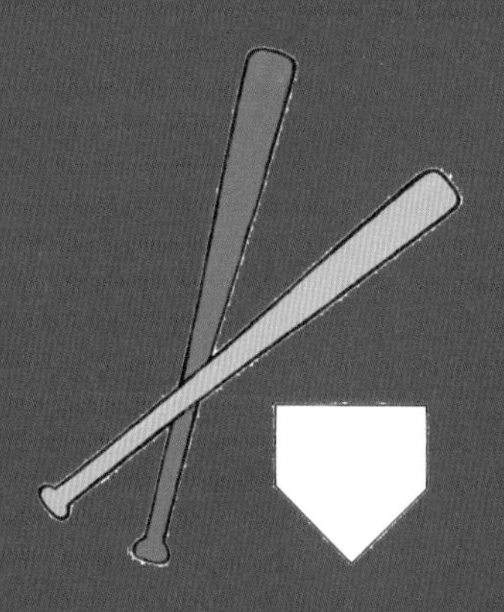

セイバー・メトリクスの歴史

野球における数値によるパフォーマンス評価は、1860年代ごろからクリケットで使われていた「打率」や「防御率」を応用して行われてきました。

その約100年後である1960年代以降、アメリカでは、ビル・ジェームズが提唱した、SABR（セイバー：Society for American Baseball Research：アメリカ野球学会）とmetrics（メトリクス：測定基準）を組み合わせた造語であるセイバー・メトリクスとして発展し、今日に至っています。

セイバー・メトリクスは、打率や防御率といった従来の指標の不十分な点を指摘し、選手やチームを評価する数々の新たな方法を提案してきました。

セイバー・メトリクスは当初、野球愛好家が楽しむために始められたものでした。しかし、その分析の的確さから、次第にメジャー・リーグの球団も注目するようになりました。

『マネー・ボール』で一気に上がった認知度

なかでも、2003年にベストセラーとなったノンフィクション『マネー・ボール』（マイケル・ルイス／著）では、オークランド・アスレチックスのゼネラルマネージャーであるビリー・ビーンがセイバー・メトリクスを駆使して、同球団の改革に成功する事例が書かれていました。2011年にはブラッド・ピット主演で映画も公開されています。この書籍と映画をきっかけに、一般の人にもセイバー・メトリクスが認知されるようになったのです。

ビリー・ビーンは、野球を数値的に見たとき、勝つために最も重要なことを以下のように述べています。

「攻撃において大切なのは『得点を取る』こと（当たり前の話ではあるが）。得点を取るためには『ホームラン（長打）を打つ』のが一番効率がよい」

「『1イニングで、3アウトを取られないこと』が大切なのだから、なかなかアウトにならないことが重要。それはすなわち『選球眼が良い』こと」

そのためビリー・ビーンは、トレードやドラフトで「**長打率**」と「**出塁率**」が高い選手を集めてくるという手法で、チームの強化を図りました。従来であれば、「安打を打つのがよい打者の印」とされてきたので、「打率」や「打点」を指標としていましたが、この新しい指標のもとに球団を経営し、成果を挙げたのです。

こうした動きは近年、日本のプロ野球にも波及し、多くの球団が「情報戦略室」などといった、データを分析する部署を新設するようになりました。

このような部署の新設は、球団の経営戦略で選手の育成に応用するなどのために蓄積されたデータ、いわゆる「ビッグ・データ」の活用が期待されているからです。

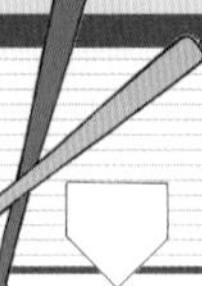

そのセオリーは正しいか？「得点期待値」と「得点確率」

図1、**図2**は、高校野球の「**得点期待値**」と「**得点確率**」を示したものです。期待値の一般的な定義は「ある事象を行ったときの結果の数値を平均したもの」です。得点期待値はそれから転じて、それぞれの状況（例：無死1塁）から「どのくらいの点数が入ることを期待できるか」を示したものです。得点確率は「それぞれの状況から1点でも入る確率」を示しています。

記録はすべて、2017～2019年の春夏の甲子園大会5大会、219試合のデータです。

これによると、たとえば「無死1塁でどのくらい得点が期待できるか」といえば、高校での**得点期待値**は0.90なので、高校野球では「無死で1塁に走者が出ると0.9点が入ることが期待できる」ことがわかります。

また、よく野球では「先頭バッターを切ろう（アウトにしよう）」ということがセオリーとして言われますが、「1死走者なし」になれば、得点期待値は0.29と一気に下がります。このことから、イニングの先頭打者を切ることは、過去の記録（データの数字）からも妥当であると言えます。

一方、**得点確率**は、そのイニングで1点でも得点が入るかどうかの指標です。よく野球のセオリーで「無死満塁は得点が入りにくい」ということが、まことしやかに言われます。

しかし、高校野球での得点確率を見ると、無死満塁では88.2％であり、**どの状況よりも得点が入る確率が高い**と言えます。つまり、「1点でも入るか」という観点から言えば、「無死満塁は得点が入りにくい」というのは間違いであることがわか

図１　高校野球の「得点期待値」

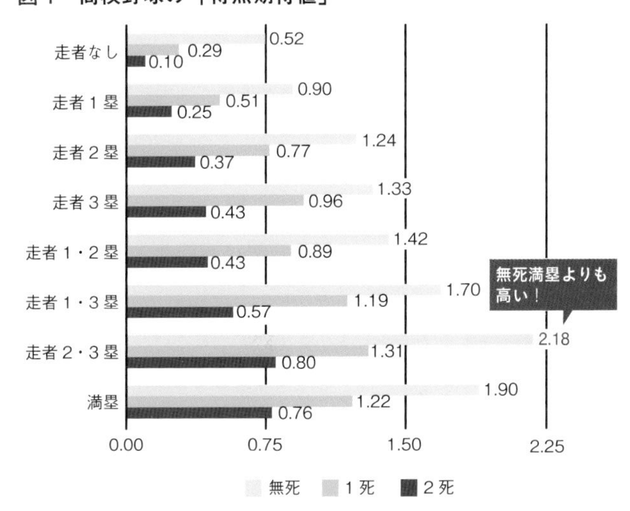

図２　高校野球の「得点確率」

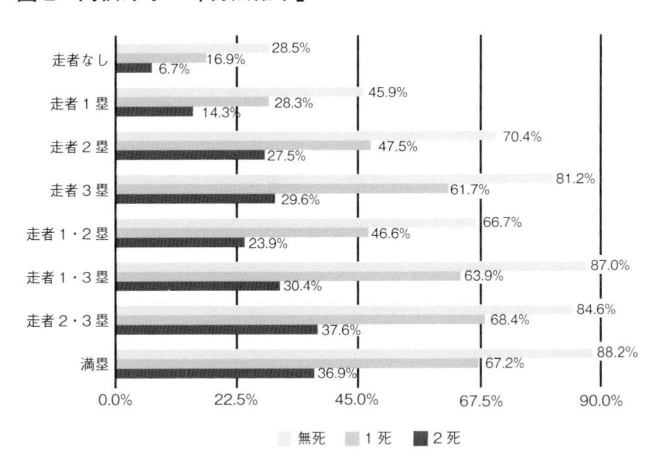

2007年に刊行した拙著『甲子園戦法　セオリーのウソとホント』（朝日新聞社）のころと比べると、高校野球はかなり「打高投低」が進んできたと感じる。2005年春のセンバツで準優勝した愛工大名電は「１死２塁」でもバントをしていた　（川村、2020）

ります。

しかし、得点期待値は無死満塁よりも無死2・3塁のほうが高いので、「どのくらい点数が入ることが期待できるか？」という観点から見ると、「無死満塁は点数が入りにくい」と言えるかもしれません。

大学野球、社会人野球では「無死満塁は点数が入りにくい」

ちなみに、**図3**、**図4**に示すように、「無死満塁は点数が入りにくい」かどうかを大学野球、社会人野球というアマチュア野球で調べてみると、無死1・3塁のほうが無死満塁よりも若干入りやすいことがわかります。その点ではこのセオリーは正しいと言えるでしょう。

監督の立場から見ると、無死1・3塁というのは守備側にとって厄介な状況です。無死1・3塁は、攻撃のバリエーションが非常に多い状況だからです。走者が1塁にいるので、内野手が前進守備をすれば2塁がガラ空きとなり、盗塁されやすくなりますし、下がってダブル・プレイを取っても、相手に1点を与えてしまいます。

反対に、無死満塁というのは「ホームでアウトを取るしかない」と守備側も覚悟が決まるので「わかりやすい状況」と言えるでしょう。そうした心理的な違いも確率に影響している可能性があります。

図3　大学野球の「得点確率」

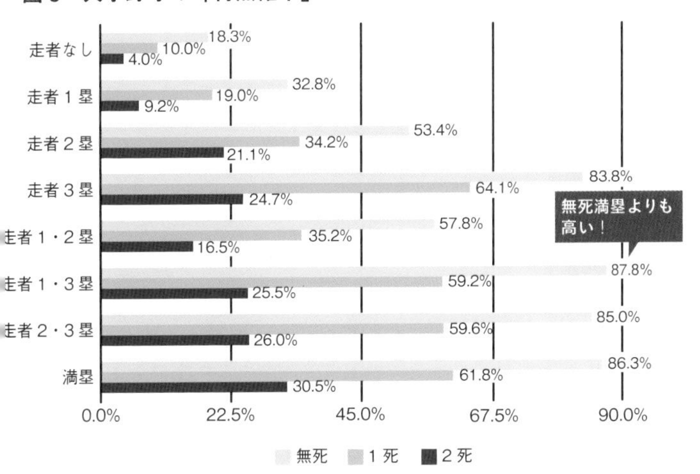

図4　社会人野球の「得点確率」

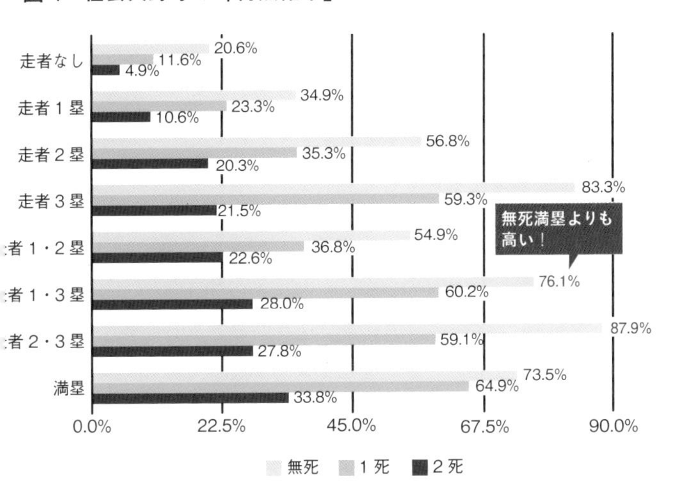

筑波大学野球コーチング論研究室には、大学野球はもちろんのこと、社会人野球のデータも豊富にある。地方大会の１球データもあるため、社会人野球も深く掘り下げている

（川村、2020）

送りバントは有効な戦術か？①

「送りバントは有効な戦術なのか？」とは、よく聞かれる質問です。まず、「戦術」という言葉を考えてみましょう。「戦術」の意味を広くとれば適切な言葉かもしれませんが、私たちスポーツ科学の世界で使うとなると問題のある言葉です。

スポーツで使うのであれば、本来は「戦法」という言葉が正しいと言えます。「戦術」という言葉は「状況を判断して技術を選択し、遂行すること」というのが正しい定義です。例えば、無死1塁で「強攻策」「送りバント」「盗塁」などを、状況に応じて選択することを指します。一方、「戦法」は「選択された技術そのもの」を指すことになります。「送りバント」はその戦術の一方法です。

さて、本題に入りましょう。まず、「送りバントは無死1塁でどのくらい戦法として使われているのか？」ということから調べてみました。2016～2017年の甲子園大会129試合のデータを調べると、無死1塁で送りバントという戦法を選んだのは50.2%でした。

私の印象では「まだ結構使っているな」という感じです。

しかし、ほぼ10年前の2005～2007年の甲子園大会160試合のデータを調べると、無死1塁で送りバントという戦法を選んだのは68.9%にも及びます（拙著『甲子園戦法　セオリーのウソとホント』朝日新聞社、2007年）。

10年前までは「無死で走者が1塁に出れば送りバント」と考えてよかったのですね。それが10年間で約20%も減少したことになります。

「送りバント」はデータから見ても有効な手段ではない

この10年間、高校野球では打高投低が進んでいます。その証拠に、2007年夏の甲子園大会の本塁打数は24本、2008年は48本、2009年は35本だったのに対し、10年後の2017年には68本、2018年は51本、2019年は48本となっています。大会によって差はありますが、増加傾向に転じているのです。

打高投低が進んでいる現代の野球において、**送りバントは1死を与えるもったいない戦法**と言えます。

事実、セイバー・メトリクスでは、送りバントで1死を与えることで、得点期待値が0.90から0.77へ減少することがわかっています（高校野球の場合）。このデータから考えても、送りバントは有効な手段ではないと言えます。

この結論は高校野球だけでなく、プロ野球でも同様です。

2014〜2018年のデータでは、無死1塁から1死二塁になることで、得点期待値は0.80から0.64に減少します。このことを考えても、**送りバントは有効ではない**と考えられます※。

しかし日本の野球では、依然として送りバントを使う傾向にあります。なぜでしょうか？　次項では「送りバントの謎」をもう少し深掘りしてみたいと思います。

※参考：蛭川晧平／著、岡田友輔／監修『セイバー・メトリクス入門』（水曜社、2019年）

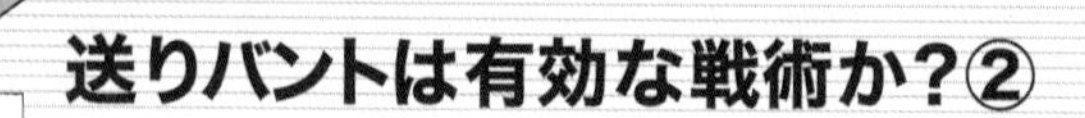

送りバントは有効な戦術か？②

前項では、無死1塁での送りバントは有効ではないことを、得点期待値から明らかにしました。それでも、日本の野球ではいまだ送りバントが使われる傾向にあります。私も現役の筑波大学硬式野球部の監督ですが、送りバントはよく使います。

ここでは送りバントについてもう少し深掘りして、有用性について述べていきたいと思います。

まず、そもそも「野球の得点」について考えてみましょう。野球では、1イニングのうちに3死取られる前に、走者が1塁→2塁→3塁→本塁と踏むことによって「1点」が得られます。「そんなことわかっているよ」と言われそうですが、球技によってこの「得点の仕方」には特徴があります。

たとえば、サッカーやラグビーのように、ボールをゴールや陣地に運ぶことによって得点する「ゴール型」や、バレーボールやテニスのように相手とネットを挟んで対面し、相手コートにボールを打ち込むことによって得点となる「ネット型」があります。実は球技における得点の仕方は、大体この2つに分類されてしまいます。

「送りバント」は最も確実に走者を2塁へ進められる戦法

ところが、野球は人が得点となる「ベースボール型」です。これは珍しい部類に入り、その特性をつかんで競技をする必要があります。野球の得点の仕方がベースボール型であることを、私はよく「すごろく」にたとえます。

すごろくは「ゴールにより近いところにいたほうが有利」です。

1塁より2塁、2塁より3塁にいたほうが、次のサイコロの一投でゴールである本塁にたどり着く確率が高くなります。そのため、野球の監督は、「送りバントを用いて走者を進めておいたほうがよい」と考えるのです。

では、送りバントの成功率はどのくらいでしょうか？　送りバントの得意・不得意もあり、「何をもって成功とするのか」も難しいのですが、基本的には狙い通り「送りバントをして、1塁ランナーが2塁に進んだケース」を成功と考えます。また、「送りバントをしたところ、守備がエラーをして1・2塁になったケース」といったものも含みます。とにかく、「送りバントをすることで、その目的を果たした。もしくは目的以上に達した」という結果を成功と考えると、その確率はだいたい80％くらいになります。

私も、毎年の自チームの送りバントの成功率を出していたことがあります。成功率が70％を切ってしまう打者もいましたが、おおむね80％程度の成功率でした。

安打を狙った強攻策の場合、打率はよくて「3割」の30％、四死球を入れた場合の出塁率としても40％くらいですので、送りバントという戦法の成功率は非常に高いと言えます。もう1つの戦法として盗塁がありますが、この成功率も人それぞれで、成功率80％以上の人もいますが、50％以下の人もいます。また、盗塁の場合は、失敗すると「1死走者なし」となってしまい、得点期待値が0.90から0.29へと大きく下がってしまいますので、ハイリスクの戦法と言えます（高校野球の場合）。

つまり、送りバントは走者を2塁へ進めるさまざまな戦法の中で、最も確率が高い安全な戦法と言えるのです。

送りバントは有効な戦術か？③

送りバントをもう少し深掘りしていきましょう。送りバントは「1点を取るために有効な手段である」ということは、野球の指導現場ではよく言われます。「強攻策は大量点につながることもあるが、失敗も多い。半面、送りバントは1点を取りに行く手堅い戦法である」という意味です。

そこでここでは、それぞれの状況から、「1点でも取れたかどうか」の指標である、**得点確率**を見てみたいと思います。

写真1　私も国際大会でコーチや分析を担当して感じるのは、「勝つためにはバント戦法が有効である」ということ。しかし、やみくもに使うのではなく、「ここぞ」というところで使えるかが、国際大会ではカギとなる。写真は、2007年夏の甲子園「新潟明訓（新潟）対大垣日大（岐阜）」戦で3回裏、大垣日大の森田貴之選手が無死1、2塁のチャンスで送りバントをしたシーン。永井 剛投手の1塁悪送球を誘い、2塁走者が生還した　写真：時事

高校野球の場合、無死1塁では得点確率が45.9％だったのに対して、1死2塁では47.5％となっています。若干ではありますが、得点確率が向上しています。

これがプロ野球ですと、無死1塁の得点確率が40.2％であるのに対して、1死2塁の得点確率は39.2％と、少しですが減少してしまいます※。

高校野球の監督が考える「送りバントの有用性」はここにあります。「どうしても1点が欲しい」——**接戦での1点の重みを考えて送りバントをすることが**、高校野球の監督の感覚としてはあるようです。

また、監督が考えることとして、強攻策を取ったもののダブル・プレイで一気に走者を失ってしまう可能性があることも、「送りバントで攻めていこう」とする要因になります。

※参考：蛭川皓平／著、岡田友輔／監修『セイバー・メトリクス入門』（水曜社、2019年）

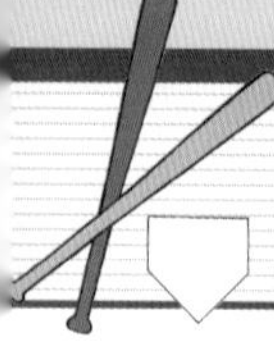

セイバー・メトリクスを使いこなすには？

セイバー・メトリクスは、野球観戦の愛好家たちがさらに深く野球を楽しむために始まったものでしたが、今や野球チームの経営戦略においても欠かせないものになっています。しかし、実際に野球の現場で使うとなると注意が必要でしょう。

たとえば、選手を評価する場合、打者の場合は**OPS（On-base Plus Slugging）という指標が一番重要**とされてきました。なぜなら、打率よりもOPSのほうが、得点との関係が大きいことがわかったからです。

OPSは**長打率**と**出塁率**を足し合わせた値です。攻撃は得点を取ることが最大の目的ですので、「OPSが高いと得点への貢献が大きい」ことは理にかなっています。

さて、前述のようにOPSは長打率＋出塁率で表されます。長打率は塁打数を打数で割ったものです。塁打数は単打を1、2塁打を2、3塁打を4で表すので、結局、総合的にどれだけ、1人でベースを回ったかという割合になるわけです。野球の得点はベースを4回踏んで得点ですので、この塁打数が多ければ多いほど得点が多いのはうなずけます。ここに出塁率が加わります。

しかし、現場で監督をしている立場からすると、このOPSという指標は使いにくいのです。現場では「その打者が、今どうなっているか」を知りたいことが多いのですが、OPSは**年間を通しての選手の評価でないとあまり意味がないから**です。

現場では「最近の調子はどうか？」ということが知りたいのですが、OPSはこのような用途では使いにくいのです。近々5試合のOPSを出してみたところで、「そりゃ、そうだろう」という印象しかありません。

ですので、OPSを見て納得できるのは、「その選手を見ていないときに評価する」というケースです。たとえば「見たことはないが、この選手は活躍しているのか」ということを判断するためには適しているでしょう。

写真2　セイバー・メトリクスを現場で使うには長期的な見方が必要である。特にセイバー・メトリクス的な起用やオーダーにする場合、すぐに結果は出てこないことを現場は知っておかないと、すぐに「役に立たない」という烙印を押されてしまう。写真はレンジャーズ戦の2回、四球で出塁したエンゼルスの大谷翔平選手。2018年、メジャー・リーグで大谷選手のOPSは0.925とスラッガーとして申し分ない成績だったが、2020年は0.657と落ち込んだ。巻き返しが期待される。メジャー・リーグは2021年度から本塁打数の抑制を目指し、低反発球を導入する予定である。これにより、セイバー・メトリクスの値がこれまでとは異なることが予想される　写真：時事

なぜ「球質」の評価は難しいのか？

最近は投手が投げるボールの「回転」「回転速度」「回転軸」、そして「球の軌道」といった**球質**を測定する**トラッキング・システム**が日米のプロ野球で普及し、客観的に投球を評価できるようになりました。

特にボールの**回転速度**は、昔から何となく「キレがある」「スピンの利いた」などと、投球を評価する中で言われてきました。この回転速度を数値として表せるようになったのは画期的なことです。

しかし、このような球質は専門家でもその評価が難しく、良し悪しを述べる際は注意が必要です。くわしい理論は他の書籍を見ていただくとして、ここでは野球指導の中で「どのように活かすべきか」を述べたいと思います。

まずは根底にある理論を、確認しておきましょう。

回転するボールは、前述したマグヌス効果によって軌道が変化します。つまり曲がります。そのため、投手は「自分が曲げたい方向にボールを回転させる」ことがポイントです。

投手が変化球を投げるときに考えることは、大きく分けると以下のような2つでしょう。

①　速度が遅くなっても大きく曲げたい

②　曲がり方は小さくても、速度が速い球を投げたい

たとえば、代表的な変化球であるカーブの球速は遅いですが、大きく曲がります。そのために打者の目が惑わされます。

一方、スライダーの球速は速いので、打者は「ストレートだ」と思って振りに行きます。すると途中で曲がるために打ちにくいのです。

つまり、一口に変化球と言っても、その効果はさまざまで、「これが正しい」とは言えないのが難しいところです。

ボールの「回転」は3次元で考えなければならない

また、変化球の分析でさらに難しいのは回転軸です。**図5**のように、ボールの回転は「投手側から見た視点」と「上から見た視点」が重要です。この組み合わせによって「変化が異なる」ことがわかってきました。

まず、投手側から見た視点です。投手側から見える回転は打者にも見えます。打者は向かってくるボールを見ることで、どのように回転しているかがわかります。

代表的な回転はバック・スピンとトップ・スピンです。バック・スピンがかかったボールは、「上に上がる」ように見える「伸びがある」ボールです。実際には重力のほうが勝っているので、「上に上がるように見える」だけですが、前述のように、無回転のボールよりは上に上がります。

バック・スピンがかかったボールは、投手から見て水平（真横）に回転軸があります。投手が指ではじくようにリリースすると、投手から見て図の中の①のbのような回転がかかります。トップ・スピンは、バック・スピンの逆です。

投手から見て垂直（まっすぐ）に回転軸があるのがサイド・スピンです②。サイド・スピンがかかったボールは、打者から見て横に曲がります。右投手のスライダーは②のaの回転をするということを理解できるでしょうか？

ここまではそう難しくないのですが、投手の投球を**立体的な視点**で見ると、「上から見たときの回転軸」というのも大切です。これが**ジャイロ・スピン、ジャイロ・スピン成分**と言われるものです。この点については次項で述べたいと思います。

図5　3種類のスピン（投手視点）

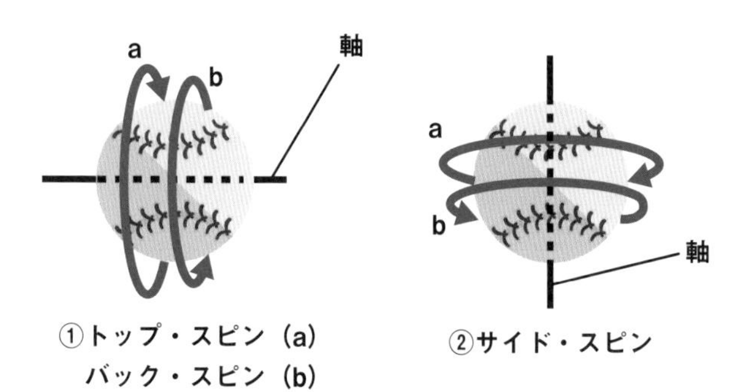

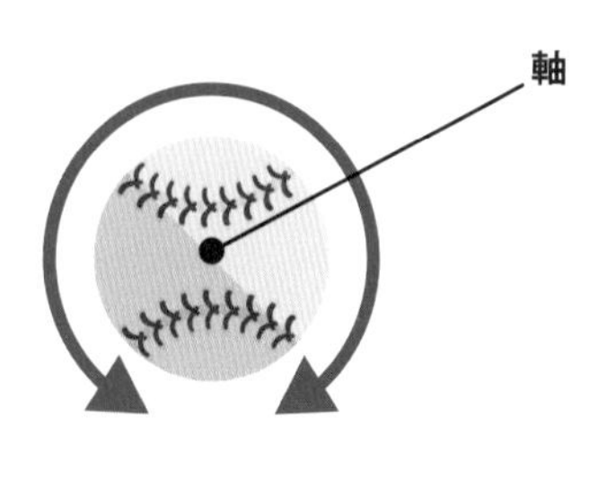

球質を評価する「回転効率(spin efficiency)」とは?

前項で、球質を見るときは、投手から見たときのボールの回転軸が重要であることを述べました。しかし、球質を評価するとき、立体的に見ると、もう1つの視点があることに気が付きます。それは、**投球されたボールを上から見たときの軸の傾き**です。球質の評価には、この軸の傾きも考慮しなくてはなりません。

図6にあるように、投球されたボールを上から見たとき、進行(投球)方向に軸が傾くことを**ジャイロ・スピン成分**と呼びます。ジャイロ・スピン成分が進行方向に向けば向くほど、「ジャイロ・スピン成分が大きい」「ジャイロ・スピン成分が強い」といった言い方をします。進行方向に軸が傾いてジャイロ・スピン成分が強くなると、基本的には曲がりにくくなります。

回転効率とは?

このジャイロ・スピン成分の強さは**回転効率(spin efficiency)**として表します。つまり、投手側から見たときの水平の回転軸で高速に回転し、きれいにバック・スピンしているボールでも、上から見たときの軸の方向が進行方向に向けば向くほど、バック・スピンは生じにくくなってしまいます。

これは回転効率が低い状態です。ジャイロ成分が大きい(上から見たときの回転軸の方向が進行方向である)せいで、本来は**ホップして見えるような有効な回転なのに、このよさが打ち消されてしまうのです**。このあたりが、回転を見るときの難しさと言えます。

回転効率は、ボールを上から見たとき、**進行方向に対して**

平行に回転軸がある場合は0%で、投球方向に対して直角に回転軸がある場合は100%であると言えます。

ですので、投球をホップして見せたいときには、投手から見たときの水平の回転軸での回転速度を大きくして、きれいなバック・スピンをかけ、さらには回転効率を100%に近づけることが必要になるのです。最近、これらは「ラプソード(Rapsode)」と言われる、球質を測定する機器で測ることができます。

球質は、回転速度だけでなく、回転軸、回転効率、さらに投球速度を一緒に見ないといけないため、正しく理解するのが難しいのです。

変化球の正しい理解は難しい

さらに、実際に野球をプレーしている人や、野球観戦を趣味としている人にはご理解いただけるかと思いますが、変化球は「曲がればいい」というわけではなく、少し変化するだけで有効な変化球もたくさんあります。また、回転を少なくすることで、重力によって鋭く落ちるように見えるフォーク・ボールのような球種もあるため、余計にわかりにくいですよね。このため、変化球の正しい理解というのはなかなか難しいのです。

これ以上、この本では球質について深くは触れませんが、変化球は基本的に、

① 他の球種と区別がつきにくいために打ちにくいもの
② 見たことがない変化をするもの、軌道が希少なもの

が、試合の現場では有効と言えます。このように変化球は大変奥が深いものです。

図６　ジャイロ・スピンとは

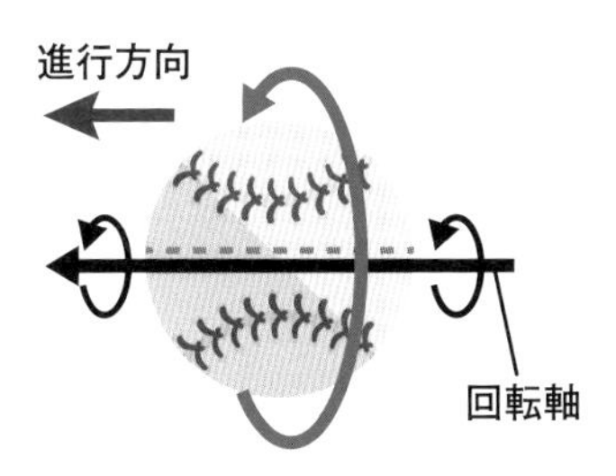

１塁側から見た図
→回転軸が進行方向を向いている回転

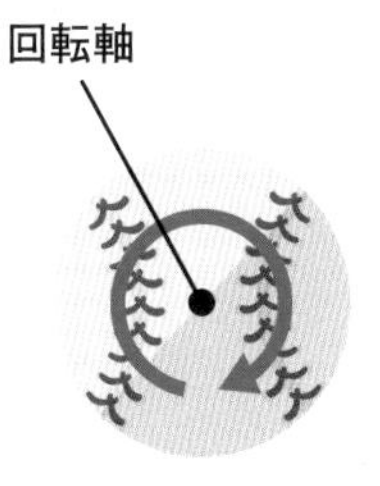

投手側から見た図

上から見たジャイロ・スピン

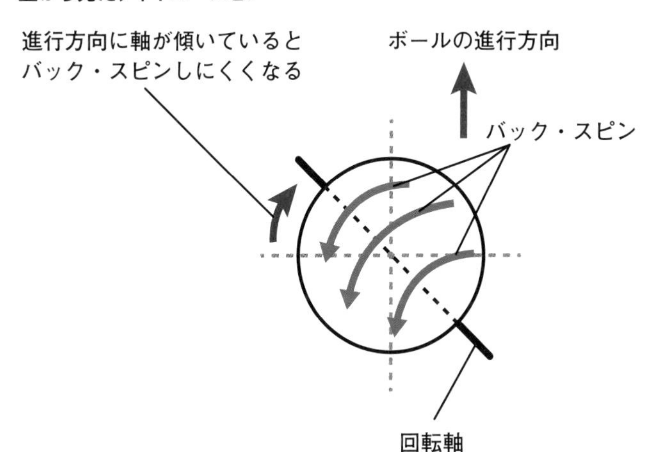

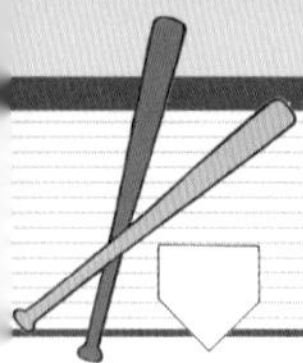

「先攻」と「後攻」はどちらが有利？

高校野球では「先攻」「後攻」をじゃんけんで決めます。先攻と後攻のどちらを取るかは、そのチームの特徴を表します。攻撃型のチームは「1回でも多く打撃をしたい」ということで先攻を取り、投手に自信があるチームは「守りを重視」して、後攻を取る傾向が多いようです。

しかし、全体として見たとき、「先攻と後攻のどちらが勝つのには有利なのか」という疑問については、大変興味があるところでしょう。実際、この疑問に焦点を当てた研究があります。

この研究は「高校野球における先攻と後攻の勝率差の検討〜20 年間の夏の甲子園のデータ分析」（和光大学現代人間学部・末木 新、2018年）というものです。

この研究は、1996年から2015年の夏の甲子園全972試合において、「実績が高い高校」（直前の春の大会と過去春夏の大会で2回以上甲子園に出場、かつ過去に出場した甲子園大会で勝率6割以上と定義）、「実績が低い高校」（試合が行われた夏の甲子園の直前の春の大会までに甲子園の全国大会出場が3回以下、または過去に出場した子甲子園大会で勝率が4割以下の高校）、「実績が中の学校」（いずれにも当てはまらない高校）に分けて、「実績が低い高校が先攻を取りがちなのではないか」という仮説のもと、検証を行いました。

先攻は「弱者の戦法」？

図7を見ると、実績の低い高校が先攻を選択した場合の勝率（35.5%）は、後攻を選択した場合の勝率（31.0%）よりも若

図7　対戦種類ごとの先攻の高校の勝率

対戦種類（先攻対後攻）	対戦試合数	先攻勝利数	先攻の勝率
実績低対実績中	158	63	39.9%
実績中対実績低	126	84	66.7%
実績低対実績高	75	23	30.7%
実績高対実績低	90	69	76.7%
実績中対実績高	91	29	31.9%
実績高対実績中	74	47	63.5%
全試合：先攻の実績のほうが低い場合	324	115	35.5%
全試合：先攻の実績のほうが高い場合	290	200	69.0%

※青い部分には検証仮説とは逆の状態（先攻の高校のほうが実績が高い試合）の結果を記載した

図8　同程度の実績校同士の対戦における先攻の勝率

対戦種類（先攻対後攻）	対戦試合数	先攻勝利数	先攻の勝率
実績低対実績低	165	74	44.8%
実績中対実績中	147	69	46.9%
実績高対実績高	46	17	37.0%
全試合	358	160	44.7%

図9　各回裏終了時に同点だったケースの発生回数とその後の先攻の勝率

	全試合	1回	2回	3回	4回	5回	6回	7回	8回	9回
〃	358	195	133	85	60	52	50	50	37	33
先攻勝利数	160	91	65	41	31	27	18	17	16	16
先攻勝率	44.7%	46.7%	48.9%	48.2%	51.7%	51.9%	36.0%	34.0%	43.2%	48.5%

勝率が低くなる

干高くなっています。このことから、「**戦力が劣るチームが先攻を取ることは合理的な選択の結果である可能性が高い**」と考察しています。

さらに、**図8**の「同程度の実績を有する高校同士の対戦」の場合には、後攻の勝率が統計的に有意に高くなっています。これは、「野球というスポーツがそもそも非対称的で、構造的に後攻が有利である可能性を示唆するもの」であるとしています。

つまり、甲子園で実績がある実力があるチームならば、「後攻を選択したほうが有利」で、実績がなく、対戦チームよりも実力が劣ると感じているチームの場合は、「先攻を選択したほうがやや有利」という結果が言えるでしょう。

しかし、**図9**を見ると、「6回以降で同点だった場合の先攻の勝率は有意に低くなる」ことから、仮に6回以降まで同点だったケースでは、後攻のほうが有利となる傾向があります。

ただ、それも9回ぐらいになると50%近く(48.5%)になるため、「どちらが有利」と言えるかはわからなくなります。

このように、自分たちの実力や試合展開を読むことで、「先攻が有利か」「後攻が有利か」というのは、ある程度予想できます。監督やコーチには、「試合展開を読む力」が大切になると言えるでしょう。

参考：末木 新「高校野球における先攻と後攻の勝率差の検討〜20年間の夏の甲子園のデータ分析」、2018年、体育学研究、63(2)、p.595-604

投手を評価する「セイバー・メトリクス」には何がある？

投手を評価する最も一般的な指標は防御率ですが、防御率は投手の能力以外に「自軍の守備力の巧拙」や「球場の大きさ」などが響いてきます。そのため、「投手の純粋な能力を示しているとは言いがたい」というのがセイバー・メトリクスの考え方にあります。そうなると、投手の純粋な評価というのは奪三振や与四死球などに絞られてきます。

K/BB（ケー・パー・ビービー）

その中ではK/BB（ケー・パー・ビービー）という、文字通り「奪三振を与四死球で割ったもの」が挙げられます。K/BBは「3.5以上だと優れた投手である」と言われ、単純な指標ながら投手の優秀さを示すものとして使われてきました。

しかし近年では、与四死球によってかなり数値が変動してしまうため、あまり使われなくなってきています。

FIP

さらに、FIP（Fielding Independent Pitching）と呼ばれる指標もあります。先ほどのK/BBで使われた奪三振と与四死球に加えて、被本塁打に係数を掛けて、「守備を含めない防御率」を表すものです※。

FIPは「重みづけ」をすることで、より正確に投手の能力を導き出せますが、そもそも「係数を算出する」ということは、プロ野球のように「レベルが近いチーム同士が、数多く試合をする」という条件があってこそ可能になります。このため、FIPを実際に他のカテゴリー（高校野球、大学野球など）で使うのは難しいと言えます。

FIP＝｛13×被本塁打＋3×（与四球ー故意四球＋与死球）－2×奪三振｝÷投球回＋3

※厳密には「3」の部分は、FIPの平均値と防御率の平均値が一致するよう微調整する

WHIP

また、WHIP（Walks plus Hits per Inning Pitched）という指標もあります。エラーなどは除いた投手の純粋な責任で、「イニングあたりにどのくらいの走者を出すか」という指標です。数字が小さいほど優秀ということです（**図10**）。

2020年のメジャー・リーグで、「その年に最も活躍した投手」

図10　WHIPの評価基準

WHIP	評価
1.00	素晴らしい
1.10	非常によい
1.25	平均以上
1.32	平均
1.40	平均以下
1.50	悪い
1.60	非常に悪い

に贈られる「サイ・ヤング賞」を獲得したシンシナティ・レッズのトレバー・バウアー投手は、WHIPが「0.79」と圧倒的な数字を残しました。最後まで争っていたダルビッシュ有投手のWHIPは「0.96」でした。

ただ、以上のセイバー・メトリクスは、近年では「古い指標」だと言われています。より正しく選手を評価しようと、セイバー・メトリクスは年々進化しています。

しかし、私たちアマチュア野球の指導者からすると、プロ野球のようにレベルの均一な試合を数多くできるわけではないため、こうしたセイバー・メトリクスは使いにくいこともあります。

では、私たちアマチュアの指導者は「どんな指標を頼りにしているか」といえば、「被安打数が、少なくともイニング数を超えない」ということです。完投した試合であれば、9本より少なければ、「だいたいよいピッチングをした」と言えます。

また、「与四死球が、1試合あたり3.5以下」であることなども使っています。式で表すと、

$$\text{与四死球} \times \frac{9}{\text{投球回}}$$

となります。

アマチュア野球の場合、このような基本的な指標を見ていくことで、投手を評価している場合が多いでしょう。

いずれにしても、あまり複雑な式や係数に頼らず、シンプルに算出されることが、セイバー・メトリクスを指導の場で使うには必要と言えるでしょう。

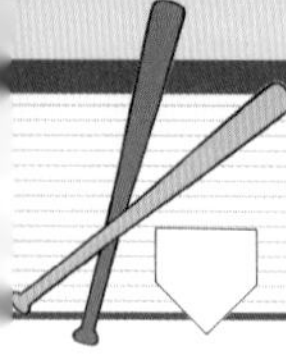

打者を評価する「セイバー・メトリクス」には何がある？

今度は打者を評価するセイバー・メトリクスを紹介します。

● OPS

まずは、絶対的な指標として存在する**OPS**（On-based Plus Slugging）です。OPSは「出塁率」と「長打率」を足すという、比較的簡単な式で表すことができます。

OPS＝出塁率＋長打率

$$出塁率 = \frac{安打 + 四球 + 四死球}{打数 + 安打 + 四球 + 四死球 + 犠飛}$$

$$長打率 = \frac{塁打数}{打数}$$

さらに、「チーム全体のOPSは、チームの平均得点との相関が非常に高い」という結果があります。

このことはプロ野球だけでなく私が指導しているアマチュア野球においても同様のことが言えるため（**図11**）、**非常に強力な指標**として存在感があります。

野球という競技は、人が4つのベースを回ることによって得点をします。そのため、「人より多く出塁できるかどうか」が絶対的に重要です。さらに、長打を打つことができれば塁を多く進むことができますので、OPSが重要なのは納得できるはずです。

ただ、このように比較的簡単な式で表されるOPSは、「打者をランキングする」といった他者との比較には便利なのですが、指導現場では使いにくさもあります。なぜなら、得点との関係が深い出塁や長打の確率が高いことはわかりますが、「この選手は、チームの得点に、一体どのくらい貢献しているのか」を表してはいないからです。

図11　大学リーグのOPSと総得点との相関

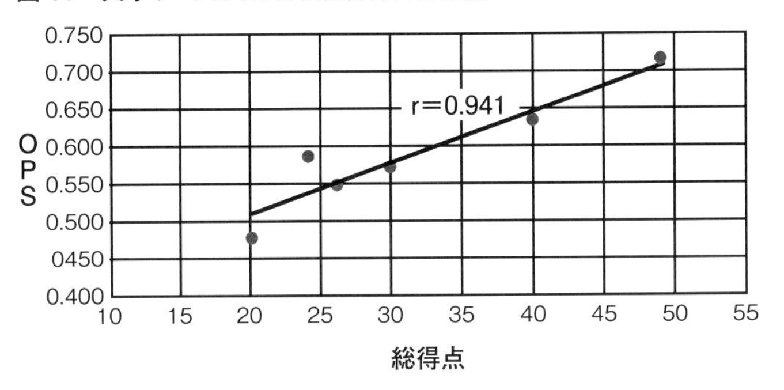

● RC

そのため、それぞれの出塁に重みづけをして評価する方法がとられるようになっています。

代表的なものはRCと言われる指標です。RCは「Runs Created」の略で、「得点の創出」という意味です。打者の最も重要な役割は「得点を取ること」という観点に立ち、どれくらい得点を生み出せたかを計る指標がRCです。

RCにはいろいろなバリエーションがありますが、よく用いられるのはRC(TT)、RC/Gなどです。特にRC/Gは、「その打者1人で打線を組んだときに、どれだけ得点を生み出せるか」の指標となり、なじみやすいものです。

$$\text{RC（TT）} = \{(\text{安打} + \text{四球} + \text{死球} - \text{盗塁死} - \text{併殺死} + 2.4 \times A) \times (B + 3 \times A) \div (9 \times C)\} - 0.9 \times A$$

$$A = \text{打数} + \text{四球} + \text{死球} + \text{犠打} + \text{犠飛}$$

$$B = \text{塁打} + \{0.24 \times (\text{四球} - \text{故意四球} + \text{死球})\} + 0.62 \times \text{盗塁} + \{0.5 \times (\text{犠打} + \text{犠飛})\} - 0.03 \times \text{三振}$$

$$C = \text{打数} + \text{四球} + \text{死球} + \text{犠打} + \text{犠飛}$$

$$\text{RC/G} = \frac{27 \times \text{RC}}{\text{打数} - \text{安打} + \text{盗塁死} + \text{犠打} + \text{犠飛} + \text{併殺打}}$$

しかし弱点もあります。RC（TT）もRC/GもOPSと同様に、精度を高くするには、やはり多くの試合を分析して、重みづけをするための係数を算出しなくてはなりません。試合数が少なく、レベルが均一ではないアマチュア野球では難しいところがあります。

そうなると、私たち指導者が現場で利用する指標としては、時速140キロ以上の投手に対しての打率と、そうでない投手に対しての打率などで打者の質を評価したり、さらにスイングに対するコンタクト率、ボール・ゾーンなどのスイング率など、細かいものなどを総合的に見ることが必要になってきます。

いずれにしても、セイバー・メトリクスは野球を観る人が手軽に楽しんだり、現場において全体的な傾向をつかんだりするためには非常に有効と言えます。

さらに、セイバー・メトリクスの指標を指導に活かすためには、これらの指標をもとに、さらに深く切り込んで、打者を総合的に評価する必要があると言えるでしょう。

日米の野球のレベル差はデータから見るとどれくらい？

日米の野球のレベル差をどのように表すかは、非常に難しいところです。一番わかりやすいところでいえば、世界野球ソフトボール連盟（WBSC）が出している「国別のランキング」が挙げられます。

ここ数年、男子では日本が1位、アメリカが2位になることが多いです。女子ではランキングが始まって以来、日本がずっと1位です。

しかし、このランキングは「4年間の世界野球ソフトボール連盟による公認国際大会の成績のみ」で決められているため、アメリカのメジャー・リーグや日本のプロ野球などの比較にはなりません。ですから、本当の意味で日本とアメリカの野球を比較したものとは言えないでしょう。

さて、アメリカのメジャー・リーグや日本のプロ野球などで繰り広げられる実際のプレーに関して日米の差を考えてみるとどうでしょうか？

わかりやすいところで「投手の球速差」を見てみましょう。メジャー・リーグにおけるフォーシーム（ストレート）の平均は時速150キロなのに対し、日本のプロ野球は時速144キロという数字が出ていました（2017年公式戦）。投手の球速は、「明らかにメジャー・リーグのほうが速い」という結果でした。

主要参考文献

●第1章　ピッチングを科学する

Escamilla R. F., Fleisig G. S., Barrentine S.W., Zheng N., and Andrews J.R. (1998): Kinematic comparisons of throwing different types of baseball pitches. Journal of Applied Biomechanics 14:1 - 23

Escamilla R. F., Fleisig G. S., Zheng N., Barrentine S.W., and Andrews J. R. (2001): Kinematic comparisons of 1996 Olympic baseball pitchers. Journal of Sports Sciences 19:665 - 676

Fleisig G. S., Andrews J. R., Dillman C. J., and Escamilla R. F. (1995):Kinetics of baseball pitching with implications about injury mechanics. The American Journal of Sports Medicine 23:233 - 239

Fleisig G. S., Barrentine S. W., Escamilla R. F., and Andrews J. R. (1996): Biomechanics of overhand throwing with implications for injuries. Sports Medicine 21:421 - 437

Fleisig G. S., Barrentine S. W., Zheng N., Escamilla R. F., and Andrews J. R. (1999): Kinematic and kinetic comparison of baseball pitching among various level of development. Journal of Biomechanics 32:1371 - 1375

神事努, 森下義隆, 平山大作, 平野裕一 (2012):投球されたボールの軌跡 -「動くボールの正体」-. バイオメカニクス研究　16 (1):41 - 46

川村卓,島田一志,平野祐一,松尾知之,平山大作,阿部太希,小谷内和弘,阿江数通 (2012): 時速 150kmを投げる投手の特徴について. バイオメカニクス研究　16 (1):32 - 40

川村卓 (2017):『最新!ピッチングの科学』. 洋泉社 (東京)

川村卓,平山大作,八木 快,大森雄貴,劉璞臻 (2018):マウンドの材質の違いが投球パフォーマンスに与える影響. 日本野球科学研究会第6回大会報告集, 日本野球科学研究会:121 - 122

Kibler WB (2008):The role of the scapula in athletic shoulder function. Am J Sports Med 26:325 - 337

小池関也, 鵜澤大樹 (2018):野球投球時の肩関節トルクの動的干渉. Dynamics and Design Conference 2018 講演論文集　18 - 7:516 - 521

松尾知之, 中本浩揮, 神事努, 森下義隆, 影山雅洋 (2020):投手の投球動作についての科学的視点からの提言. 全日本野球協会委託事業報告書, プロジェクト2, 野球科学研究会.

Matsuo T., Escamilla R. F., Fleisig G. S., Barrentine S. W., and Andrews J. R. (2001):Comparison of kinematic and temporal parameters between different pitch velocity groups. Journal of Applied Biomechanics 17:1 - 13

Matsuo T., Matsumoto T., Mochizuki Y., Takada Y., and Saito K. (2002):Optimal shoulder abduction angles during baseball pitching from maximal wrist velocity and minimal kinetics viewpoints. Journal of Applied Biomechanics 18:306 - 320

宮西智久,藤井範久,阿江通良,功力靖雄,岡田守彦 (1996):野球の投球動作におけるボール速度に対する体幹および投球腕の貢献度に関する3次元的研究. 体育学研究　41:23 - 27

宮西智久，藤井範久，阿江通良，功力靖雄，岡田守彦（1997）：野球の投球動作における体幹および投球腕の力学的エネルギー・フローに関する3次元的解析．体力科学 46：55-68．
宮西智久，川村卓，平山大作，島田一志，高橋佳三（2018）：野球のピッチング動作の類型化の基準と比較．日本野球科学研究会第6回大会報告集，日本野球科学研究会：71-72
宮下浩二，小林寛和，越田専太郎，浦辺幸夫（2009）：投球動作の肩最大外旋角度に対する肩甲上腕関節と肩甲胸郭関節および胸椎の貢献度．体力科学　58：379-386
日本臨床スポーツ医学会整形外科部会（2005）：青少年の野球生涯に対する提言．日本臨床スポーツ医学会誌，13：241-242
島田一志，阿江通良，藤井範久，川村卓，高橋佳三（2004）：野球のピッチング動作における力学的エネルギーの流れ．バイオメカニクス研究　8：12-26
島田一志，川村卓（2004）野球のアンダーハンド投法における力学的エネルギーの流れの事例的研究．日本体育学会大会号（55）：307
島田一志，阿江通良，藤井範久，結城匡啓，川村卓（2000）：野球のピッチング動作における体幹および下肢の役割に関するバイオメカニクス的研究．バイオメカニクス研究　4：47-60
島田一志，川村卓，平野祐一，松尾知之，平山大作，阿部太希，大倉光平，阿江数通，小林育斗，宮本匠（2012）：キューバ，アメリカおよび日本チームの投手の投球動作．バイオメカニクス研究　16（1）：25-31
高橋佳三，阿江通良，藤井範久，島田一志，尾崎哲郎（2000）：野球のピッチングにおける手および指の動きとボール速度増加の関係，バイオメカニクス研究　4：pp.116-124
高橋佳三，阿江通良，藤井範久，島田一志，川村卓，小池関也（2005）：球速の異なる野球投手の動作のキネマティクス的比較，バイオメカニクス研究　9：pp.36-52
高橋佳三，藤井範久，阿江通良（2002）：野球のピッチングにおける大きな球速獲得のための動作の違いについて，第17回日本バイオメカニクス学会大会論集：pp.106-107
全日本野球協会編（2020）：公認野球規則．ベースボールマガジン社（東京）

●第2章　バッティングを科学する

阿江数通，小池関也，川村卓（2015）：打点高の異なる野球ティー打撃動作における体幹のキネティクス的分析．体育学研究　60：635-649
阿江数通，小池関也，川村卓，中島亮一（2019）：野球打撃における身体の回転運動に対する下肢のキネマティクスについて：地面反力によるモーメントの上位群と下位群の比較．体育学研究　64：135-149
Hay. J. G（1978）：The Biomechanics of Sports Techniques, 2nd ed. Pretice-Hall
平山大作，川村卓（2015）：高校野球選手におけるバットヘッドスピードと体力的特性の関係．日本野球科学研究会第3回大会報告集，日本野球科学研究会：48-49
堀内元，中島大貴，桜井伸二（2017）：野球のバッティングにおける下肢および体幹の力学的エネルギーの流れ．体育学研究　62：575-586
堀内元，中島大貴，桜井伸二（2018）：野球のバッティングにおける股関節のダイナミクス．体育学研究　63：695-705
勝又宏，川合武司（1996）：地面反力からみた異なる投球速度に対する野球の打撃動作

の特性． 体育学研究 40：381 - 398
川村卓，功力靖雄，阿江通良（2000）：熟練野球選手の打撃動作に関するバイオメカニクス的研究 - バットの動きに着目して -．大学体育研究，22：19 - 32
川村卓，島田一志，阿江通良（2001）：熟練野球選手の打撃動作における両手の動きについて．大学体育研究，23：17 - 28
川村卓（2006）：野球の打撃動作の変遷～研究と指導現場課題から～．体育の科学，56（9）：727-732
川村卓，小池関也，阿江通良（2019）：野球の打撃における上肢のエネルギーフロー：バット・ヘッドスピードの上位群と下位群のスイング局面の比較．体育学研究，64：37 - 48
川村卓，島田一志，高橋佳三，森本吉謙，小池関也，阿江通良（2008）：野球の打撃における上肢の動作に関するキネマティクス的研究：ヘッドスピード上位群と下位群のスイング局面の比較．体育学研究 53：423 - 438
小池関也，川村卓，阿江通良（2008）：野球打撃動作のバットヘッド速度生成における左右上肢の動力学的分析．日本機械学会シンポジウム 2008 講演論文集，117 - 122
森下義隆，那須大毅，神事努，平野祐一（2012）：広角に長打を放つためのバットの動き．バイオメカニクス研究 16（1）：52 - 59
森下義隆，矢内利政（2018）：バットスイング軌道からみた左右方向への打球の打ち分け技術．体育学研究 63：237 - 250
大山卞圭悟（2020）：アスリートのための解剖学：トレーニングの効果を最大化する身体の科学．草思社（東京）
Sekiya Koikea, Kohei Mimura（2016）：Main contributors to the baseball bat head speed considering the generating factor of motion - dependent term. Procedia Engineering 147：197 - 202
吉福康郎（2011）：格闘技の科学．サイエンス・アイ新書，SB クリエイティブ：22-23

●第 3 章 統計で科学するセイバー・メトリクス

蛭川皓平，岡田友輔（2019）：『セイバー・メトリクス入門』．水曜社
マイケル・ルイス（2004）：マネーボール・軌跡のチームを作った男．ランダムハウス講談社（東京）
川村卓，中村計（2007）：『甲子園戦法 セオリーのウソとホント』．朝日新聞社
川村卓（2020）：配球問題集『次の 1 球は?』．辰巳出版（東京）
西中裕也，川村卓（2017）：高校野球の攻撃戦法に関する研究 - 無死 1 塁での送りバントを例に -．日本野球科学研究会第 5 回大会報告集，日本野球科学研究会：88 - 89
大阪航平，山本有太朗，川村卓（2018）：高校野球の攻撃戦法に関する研究 - 無死 1、2 塁に着目して -．日本野球科学研究会第 6 回大会報告集，日本野球科学研究会：79 - 80
末木新（2018）：高校野球における先攻と後攻の勝率差の検討：20 年間の夏の甲子園のデータ分析．体育学研究 63（2）：595 - 604

川村 卓

1970年生まれ。筑波大学体育系准教授。筑波大学硬式野球部監督。全日本大学野球連盟監督会運営委員、首都大学野球連盟理事・評議員。市立札幌開成高校時代には主将・外野手として1988年、夏の甲子園大会(第70回)に出場。筑波大学時代も主将として活躍。筑波大学大学院修士課程を経た後、北海道の公立高校で4年半、監督を経験。2000年12月には筑波大学硬式野球部監督に就任。2006年、秋季首都大学野球リーグ優勝を果たす。主にスポーツ選手の動作解析の研究を行っている。

本文デザイン・アートディレクション:クニメディア株式会社

イラスト:横山英史、クニメディア株式会社

校正:曽根信寿

SBビジュアル新書 0022

野球の科学

解剖学、力学、統計学でプレーを分析！

2021年3月15日　初版第1刷発行

著　　者　川村　卓
発 行 者　小川　淳
発 行 所　SBクリエイティブ株式会社
〒106-0032東京都港区六本木2-4-5
営業03(5549)1201
装　　幀　渡辺　縁
組　　版　クニメディア株式会社
編　　集　石井顕一（SBクリエイティブ）
印刷・製本　株式会社シナノ パブリッシング プレス

本書をお読みになったご意見・ご感想を下記URL、QRコードよりお寄せください。
https://isbn.sbcr.jp/92692/

ISBN978-4-7973-9269-2